Inteligencia Digital

Un marco para las capacidades de
transformación digital

Dr Mehmet Yildiz

Distinguido por Enterprise Architect

Primera edición, septiembre de 2019
Derechos de autor © Dr Mehmet Yildiz
Editor: S.T.E.P.S. Publishing Australia
P.O Box 2097, Roxburgh Park, Victoria, 3064 Australia
info@stepsconsulting.com.au
Editado por Mark Longfield

Descargo de responsabilidad

Tabla de Contenidos

Capítulo 1: Introducción

Propósito de este libro

Soy el autor de este libro porque tratar con la inteligencia, y el mundo digital es una pasión para mí y quería compartir mi pasión con ustedes. En este libro, mi objetivo es proporcionar ideas convincentes y formas únicas de aumentar, mejorar y profundizar su inteligencia y conciencia digital y aplicarlas al viaje digital de su organización, en particular para las iniciativas de modernización y transformación. Utilicé el enfoque del pensamiento arquitectónico como marco principal para transmitir mi mensaje.

Basado en mi liderazgo de pensamiento arquitectónico en varios proyectos de transformación y modernización digital, con la riqueza acumulada de conocimientos y habilidades, quiero compartir estos aprendizajes en un libro conciso con la esperanza de añadir valor contribuyendo a la comunidad digital en general y a las iniciativas en progreso.

Tenga la seguridad de que esto no es una teoría o un libro académico. Es puramente práctico y se basa en las lecciones aprendidas de las iniciativas reales de transformación y modernización de las empresas tomadas en grandes entornos corporativos.

Hice todo lo posible para que este libro fuera conciso, despejado y fácil de leer, eliminando jerga técnica para una audiencia más amplia que quiere mejorar la inteligencia y la conciencia digital.

Por adelantado, este libro no trata de una herramienta, aplicación, un solo producto, tecnología específica o servicio, y ciertamente no es para endosar ninguno de estos artículos. Sin embargo, este libro se centra en el pensamiento arquitectónico y el enfoque metódico para mejorar la inteligencia y la conciencia digital. No es como los típicos libros de transformación digital disponibles en el mercado. En este libro, no cubro ni repito el mismo contenido de los libros que describen las transformaciones digitales. Mi propósito es diferente.

Lo que distingue a este libro de otros libros es que proporciono un marco de pensamiento innovador y un enfoque metódico para aumentar su cociente digital basado en la experiencia, con el objetivo de no vender o respaldar ningún producto o servicio, aunque menciono algunas tecnologías prominentes que permiten la transformación digital, para su conciencia, inteligencia y capacidades digitales.

Audiencia

Cuando estaba escribiendo este libro, mis conversaciones se dirigían a los líderes digitales que podrían haber dado el paso por la enorme responsabilidad de transformar digitalmente las grandes organizaciones empresariales. Me imaginé a un típico líder digital tratando de darle sentido al ambiente transformador. Por lo tanto, este libro puede ser una fuente ideal para los líderes digitales que desean aumentar su comprensión de estos entornos complejos y aumentar su inteligencia digital aprendiendo de la experiencia de alguien que observó y se involucró diligentemente en estos entornos. La guía de este libro puede impulsar el proceso de pensamiento sobre las capacidades digitales.

El público objetivo de este libro son principalmente líderes digitales, arquitectos de TI, especialistas, gerentes de programas, ejecutivos de transformación, incluyendo CTO - Chief Technology Officer, CDO - Chief Digital Officer, CIO - Chief Information Officer, y Head of Enterprise Technologies - que participan y son responsables de importantes programas de modernización empresarial y de transformación digital.

Como recurso educativo, este libro también puede ser útil para los estudiantes que estudian en disciplinas relacionadas con las tecnologías digitales.

Mi viaje a la Inteligencia Digital

Me apasiona la inteligencia. Más que cualquier otra cosa, como un interés personal, la inteligencia es un tema emocionante y edificante para mí. Por extraño que parezca, me atraen las personas, los animales y las máquinas inteligentes. Se convirtió en una obsesión tal que ya no podía aguantar más y quería compartir mis pensamientos y mi pasión con mis lectores, con la esperanza de que esta locura pudiera añadirles algún valor.

Mis ansias de entender la inteligencia humana y de las máquinas comenzaron en los primeros años de mis estudios terciarios en informática y se intensificaron con mis estudios de doctorado en ciencias cognitivas, que abarcaban tanto la inteligencia natural como la artificial. Todavía estoy obsesionado con este tema, por lo que no pude evitar compartir mis pensamientos con un público más amplio.

La ampliación de la inteligencia humana mediante el uso de la inteligencia tecnológica ha sido un interés particular a lo largo de los años. Por lo tanto, continué mis estudios e investigaciones en el área y elegí una profesión para ocuparme tanto de la inteligencia humana como de la inteligencia de la máquina en un sentido más amplio y en un contexto integrado.

A mi cerebro le encantan las estructuras y los patrones, ya que he sido tecnólogo y arquitecto empresarial que se ocupa de las personas, la tecnología, los procesos, las herramientas y la integración de sistemas heterogéneos. Estos compromisos requerían una cantidad considerable de inteligencia para lograr resultados exitosos en entornos comerciales.

Al igual que el propio universo, entonces, de la nada, la inteligencia digital entró en escena para extender mi inteligencia a una perspectiva diferente. Desde entonces, sigo nadando en el océano digital todos los días y lo encuentro bastante refrescante, aunque a veces puede ser arriesgado y perjudicial para mi salud; pero me encanta. Ahora puedes preguntarlo correctamente, ¿dónde está la inteligencia en esta paradoja?

Esta perspectiva extendida al ámbito digital con pasión me ayudó a enfrentarme a un cambio complejo y rápido. Me convertí en una persona más flexible y ágil. Tratar con lo digital amplió mis horizontes y me permitió participar en fascinantes actividades intelectuales en escenarios globales.

Las grandes organizaciones para las que trabajo se enfrentan a un reto importante: el cambio rápido de la tecnología y las crecientes demandas de los consumidores en esta era digital. Cada una de las grandes organizaciones para las que trabajé tenía algunos programas de transformación y modernización digital hasta cierto punto a nivel empresarial. Estas organizaciones necesitaban líderes apasionados para transformarlos. Estaba en los lugares correctos en los momentos correctos.

Las tecnologías digitales en las empresas tienen múltiples dimensiones que abarcan muchos dominios. Estos dominios están estrechamente interrelacionados; por lo tanto, un cambio menor en un dominio puede reflejarse en muchos otros. La gestión de estos ámbitos interrelacionados y sus componentes requiere una inteligencia digital sustancial.

En este libro, me propongo explicar estos retos en el formato más directo metódicamente y proporcionar ideas basadas en un enfoque de pensamiento arquitectónico práctico para abordarlos. Algunos de los puntos pueden sonar triviales o aburridos, pero cada uno de los puntos que planteé puede tener implicaciones críticas y tener un impacto significativo en el éxito o el fracaso de los esfuerzos digitales. Preparemos el escenario con los fundamentos de la inteligencia y comencemos nuestra conversación!

Capítulo 2: Fundamentos de la Inteligencia

Antes de empezar a hablar de inteligencia digital, necesitamos entender y llegar a un consenso sobre el significado y los fundamentos de la inteligencia para que todos estemos en la misma página. Con una comprensión compartida de la inteligencia, mis puntos y observaciones pueden tener más sentido para que disfrutes y beneficies el contenido de este libro.

Significado de la Inteligencia

Estoy seguro de que sabes lo que significa la inteligencia cuando compraste este libro y empezaste a leerlo. Sin embargo, mi mente arquitectónica no me permite explicar un tema sin definirlo a mi audiencia. Es un hábito extraño. Con el debido respeto, intento definir la inteligencia para que los capítulos siguientes tengan más sentido para ustedes.

La definición estándar de inteligencia es la capacidad de adquirir conocimientos y habilidades y aplicarlos según sea necesario. Esta simple definición puede ser desplegada usando varios términos y conceptos asociados que cruzan y superponen múltiples disciplinas creando diferentes significados para la inteligencia.

La ciencia cognitiva es una de las principales disciplinas que se ocupan de la inteligencia humana. La gestión del conocimiento y la información son las otras disciplinas, que también abarcan en cierta medida la inteligencia humana. La inteligencia también se relaciona con disciplinas que tratan con el cerebro y la mente humanos. La psicología, la psiquiatría y la neurociencia son algunos de los ejemplos más destacados.

Los términos básicos estándar relacionados con la inteligencia son: intelecto, razonamiento, juicio, capacidad mental, poder mental, inteligencia, inteligencia, astucia, brillantez, discernimiento, perspicacia, percepción y comprensión. Todos estos términos se relacionan con la inteligencia de alguna manera. Utilicé algunos de estos términos para explicar algunos puntos relacionados con la inteligencia digital.

Los términos anteriores giran principalmente en torno al CI humano (cociente inteligente). Sin embargo, la inteligencia va más allá del coeficiente intelectual y cubre los aspectos emocionales, sociales y espirituales de los seres humanos. Por lo tanto, nos encontramos con las disciplinas emergentes como la inteligencia emocional, la inteligencia social y la inteligencia espiritual. Todos estos tipos de inteligencia se interrelacionan para nuestras interacciones en la sociedad. Tomemos el término intuición como ejemplo; puede relacionarse con aspectos cognitivos, emocionales, sociales y espirituales.

En nuestra vida diaria, podemos describir la inteligencia usando términos y frases como agudeza, rapidez mental, astucia, don de gentes, agudeza mental, ingenio, inteligencia, astucia, astucia, astucia, astucia, astucia, inteligencia, talento e incluso inteligencia en entornos informales.

La mayoría de las veces, los adjetivos anteriores se utilizan para describir el coeficiente intelectual de las personas en lugar de sus otros aspectos de inteligencia. Fui testigo de algunas situaciones; por ejemplo, algunas personas describieron a un empleado talentoso como la mujer o el hombre de la superinteligencia, aunque el talento también puede estar relacionado con las capacidades sociales y emocionales de una persona.

Después de esta breve introducción al significado de la inteligencia para llevarnos a la misma página, ahora hablemos de la inteligencia digital, que es el tema principal de este libro, asumiendo que es su razón principal para comprar este libro.

Qué es la Inteligencia Digital

Francamente, hasta ahora no he encontrado una definición estándar para la inteligencia digital. Aún más deprimente, no he visto un cuerpo establecido de conocimiento o publicaciones sustanciales que investiguen directamente los fenómenos de la inteligencia digital.

Sin embargo, ¿significa que la inteligencia digital no existe? No en mi humilde opinión. Curiosamente, durante mi búsqueda de literatura, revisé algunos estudios de casos usando el término "Inteligencia Digital" y hojeé algunos folletos de marketing, artículos y blogs que discutían sobre el cociente digital, lo que me pareció prometedor. ¡Pensé que al menos era mejor que nada!

Me lanzo a definir aquí la inteligencia digital como un nuevo término al nivel más fundamental para proporcionar una comprensión de este término para la claridad, de modo que podamos establecer el contexto para el libro. Sólo para establecer el nivel, mi objetivo aquí es crear conciencia y mostrar algo de liderazgo de pensamiento, no para acreditarme irrealmente como un experto en el campo, ya que el campo no existe completamente todavía o está a punto de emerger.

Mi definición de inteligencia digital, a un alto nivel, es la capacidad de convertir o representar el mundo físico en formato digital. Aunque suene sencillo, estos dos verbos críticos (convertir y representar) tienen un significado cargado y crean una enorme complejidad. Los términos -convertir y representar- pueden extenderse a múltiples disciplinas y dominios. La capacidad cubre un amplio espectro de procesos, personas, herramientas y tecnologías.

Físico y digital son dos mundos diferentes con entidades diferentes. Tienen sus capacidades y limitaciones inherentes. Mediante el uso de la informática y la ingeniería, encontramos formas de representar el mundo físico en formatos digitales. Por lo tanto, están relacionados y pueden mejorar el alcance del otro.

Cuando exploramos la inteligencia general en la sección anterior, mencionamos que la inteligencia es la capacidad de adquirir conocimientos y habilidades y aplicarlos según sea necesario. Podemos trasladar esta definición a la definición de inteligencia digital. En este caso, podemos afirmar que la inteligencia digital es la capacidad de adquirir y aplicar conocimientos y habilidades digitales que abarcan el mundo digital. El mundo digital consiste en varios procesos, tecnologías, herramientas, técnicas, métodos y enfoques.

Existen relaciones unidireccionales, bidireccionales o multidireccionales entre estos componentes. Nuestra inteligencia digital, en este caso, también se relaciona con la comprensión de todas las relaciones para estos componentes y sus subcomponentes. Esta comprensión implica una tarea enormemente compleja, por lo que se requiere un conocimiento profundo del mundo digital y habilidades interdisciplinarias para dar sentido a este fascinante mundo.

En otras palabras, para ser digitalmente inteligentes, necesitamos tener un conocimiento profundo del proceso y adquirir habilidades prácticas relevantes para las disciplinas digitales. En el siguiente capítulo, discutiremos cómo el pensamiento arquitectónico puede ayudarnos a tomar conciencia e incrementar nuestra inteligencia digital.

Resumen del capítulo y puntos para llevar

La definición estándar de inteligencia es la capacidad de adquirir conocimientos y habilidades y aplicarlos según sea necesario.

La inteligencia digital, a un alto nivel, es la capacidad de convertir o representar el mundo físico en formato digital.

Físico y digital son dos mundos diferentes con entidades diferentes. Tienen sus capacidades y limitaciones inherentes.

Para ser digitalmente inteligentes, necesitamos tener un conocimiento profundo del proceso digital y adquirir habilidades prácticas relevantes para las disciplinas digitales.

Capítulo 3: Marco de pensamiento arquitectónico para desarrollar la inteligencia digital

Propósito

El propósito de este capítulo es proporcionar una visión general del enfoque del pensamiento arquitectónico y cómo se relaciona con la inteligencia digital. Desde mi experiencia, el pensamiento arquitectónico puede ser utilizado como un marco robusto para obtener conocimiento digital, desvelar el misterio de la inteligencia digital y aumentar nuestra inteligencia digital proporcionando un enfoque estructurado.

Este enfoque estructurado y metódico puede servir como una lista de control para medir nuestra inteligencia digital. Nuestros cerebros aman la estructura y los patrones. El uso de los principios del pensamiento arquitectónico como una lista de comprobación asegura que cubrimos los factores y pasos esenciales en el proceso de pensamiento para el mundo digital. Este proceso de pensamiento estructurado puede ser invaluable en nuestros objetivos digitales.

Visión

En el pensamiento arquitectónico, la vida comienza con una visión. En otras palabras, como un enfoque de arriba hacia abajo, el pensamiento arquitectónico obliga a establecer la visión en primer lugar. Visión es ser capaz de pensar en el futuro con imaginación creativa y sabiduría humana.

La visión establece el escenario y nos muestra dónde queremos estar en el futuro. Aunque todo el mundo tiene una visión, una visión productiva y estratégica es una capacidad de liderazgo y requiere una cantidad sustancial de inteligencia, conocimiento, habilidades y experiencia. Como líder digital, asumo que usted tiene una visión fascinante para el viaje de transformación de su organización.

Practicar la visión en los compromisos digitales puede ayudarnos a pensar estratégicamente. El pensamiento visionario puede ser utilizado para mejorar nuestra inteligencia, ya que implica múltiples atributos y procesos mentales. Ahora que hemos cubierto la visión brevemente, movamos el siguiente punto importante, la estrategia.

Estrategia

Una vez que tengamos una visión convincente del mundo digital, es hora de establecer la estrategia. Necesitamos saber dónde estamos ahora en el viaje digital y hacia dónde queremos ir. Nuestra estrategia digital nos ayuda a llegar a nuestro destino utilizando un plan maestro. El plan maestro puede ser una hoja de ruta de alto nivel que nos lleve al destino que establezcamos. Usted también puede llamarlo un mapa.

Al igual que el pensamiento visionario, el pensamiento estratégico también puede ayudarnos a aumentar nuestra inteligencia digital en lo que respecta a nuestras estrategias relacionadas con asuntos digitales, como la adopción de avances digitales que conduzcan a la transformación. Nuestra estrategia digital puede tener muchos requisitos.

Requisitos

Todo esfuerzo digital tiene sus requisitos. De hecho, muchos requisitos! Los requisitos pueden tener múltiples facetas y no son sencillos. Por lo tanto, la comprensión de los requisitos desde todos los ángulos es fundamental. Los requisitos implican múltiples procesos y partes interesadas.

Tanto los usuarios como los sistemas tienen sus requisitos. Existen diferentes necesidades para diferentes tipos de usuarios - por ejemplo, usuarios internos y externos, usuarios técnicos, ejecutivos y de gestión. Los sistemas también tienen sus requisitos únicos. Podemos llamarlos requisitos técnicos, de soporte y operativos. En general, los requisitos pueden ser funcionales y no funcionales.

La recopilación de requisitos para las iniciativas digitales es un proceso de extremo a extremo, como la recopilación, el análisis, la aclaración, el seguimiento, la validación y el uso. Se trata de actividades intelectuales que requieren inteligencia digital. Hablar de inteligencia, utilizando el acrónimo SMART para caracterizar los requisitos, ha sido instrumental. SMART es sinónimo de específico, mensurable, procesable, realista y trazable. Estos cinco atributos pueden ayudar a aumentar la calidad de los requisitos. Para entender mejor los requisitos, especialmente desde la perspectiva del usuario, necesitamos tratar los casos de uso.

Casos usuales

En relación con los requisitos, la comprensión de los casos de uso de soluciones digitales son habilidades de pensamiento arquitectónico esenciales. El manejo de los casos de uso requiere diferentes modos de pensamiento, tales como mirar las cosas desde la perspectiva del usuario. Observar y ser observador al mismo tiempo es una capacidad mental crítica.

Más específicamente, un caso de uso es una situación específica que describe el uso de un producto o servicio de una solución por parte de los consumidores. Desarrollamos casos de uso desde la perspectiva de los usuarios. Tenemos que entender cómo se pretende que los consumidores utilicen un determinado componente o aspecto de la solución.

Normalmente, los requisitos funcionales pueden ayudarnos a formular los casos de uso. Alternativamente, en algunas circunstancias, los casos de uso ayudan a formular los requisitos funcionales. Los casos de uso y los requisitos están interrelacionados. Tenemos que analizarlos juntos, no de forma aislada.

Algunos usuarios seleccionados pueden ayudarnos a entender los casos de uso cuando interactuamos con ellos. Necesitamos hacer preguntas a los usuarios y obtener su retroalimentación sobre cómo están destinados a utilizar una función que se espera que esté en el documento de la solución.

En general, los casos de uso general de la solución deben definirse y elaborarse con la aportación de todas las partes interesadas en la solución, no sólo de los usuarios finales. Puede haber diferentes casos de uso para diferentes partes interesadas.

Los casos de uso también se pueden determinar en base a los roles y personajes de una solución. Los personajes representan personajes ficticios basados en nuestro conocimiento de los usuarios de la solución. Identificar a las personas y utilizarlas en nuestro desarrollo de casos de uso y en el análisis de requisitos puede ser beneficioso.

Estado actual y futuro

Después de entender los requisitos y casos de uso, necesitamos aplicarlos al estado actual. El estado actual nos muestra dónde estamos ahora. Al entender el estado actual, establecemos el estado futuro y desarrollamos una hoja de ruta para alcanzar los objetivos. Este enfoque de pensamiento arquitectónico se aplica a cualquier solución digital en la que participamos diariamente. Este enfoque estructurado es fundamental para las iniciativas de transformación digital.

Viabilidad

El pensamiento arquitectónico puede guiarnos a pensar en la viabilidad de nuestra hoja de ruta de la solución digital teniendo en cuenta los riesgos, las dependencias y las limitaciones del camino. Este proceso de evaluación que cubre todos los aspectos de nuestra solución requiere una capacidad de pensamiento sustancial. El desarrollo de una evaluación completa de la viabilidad puede ayudarnos a mitigar los riesgos críticos, resolver los problemas existentes y abordar las dependencias difíciles. La falta de este paso crítico en nuestro pensamiento puede tener consecuencias nefastas a largo plazo.

Ventajas y desventajas

La mayoría de las veces, la evaluación de la viabilidad también requiere hacer un número considerable de compensaciones para alcanzar resultados óptimos de la solución. Al hacer concesiones, necesitamos considerar factores críticos, como el costo, la calidad, la funcionalidad, la usabilidad y muchos otros elementos no funcionales.

Hacemos concesiones para crear un equilibrio entre dos artículos necesarios pero incompatibles. En otras palabras, una compensación es un compromiso entre dos opciones. Es posible hacer una compensación entre la calidad y el costo de determinados artículos. Hacemos algunas de las compensaciones arquitectónicas para hacer frente a las incertidumbres. Para este tipo de compensaciones, técnicas como la comparación y el contraste pueden ser beneficiosas.

Decisiones

Cada compromiso también requiere decisiones arquitectónicas. Estas decisiones cruciales pueden tener implicaciones sustanciales para el éxito o el fracaso de la solución digital. Necesitamos tomar decisiones arquitectónicas muy cuidadosamente ya que cada decisión puede tener un impacto severo y múltiples implicaciones. Algunas implicaciones pueden estar relacionadas con los costes, mientras que otras pueden estar relacionadas con el rendimiento, la disponibilidad, la seguridad y la escalabilidad. Necesitamos comunicar las decisiones arquitectónicas con múltiples partes interesadas.

Contexto

Después de tomar las decisiones, otra tarea difícil es proporcionar una imagen representativa de la solución en una sola página. Suele llamarse contexto de solución, que muestra las dependencias críticas. Esta capacidad de pensamiento abstracto es un ejemplo de inteligencia que añadimos al proceso de solución digital. Establecer el contexto para cualquier solución nos ayuda a comunicarla a las partes interesadas de manera eficiente. El contexto añade claridad a la comprensión de la solución.

Modelos

Las maquetas son productos de trabajo significativos en soluciones arquitectónicas. Un modelo es la estructura propuesta típicamente en una escala menor que la original. Una vez que redactamos la solución a un nivel abstracto y nuestras partes interesadas la entienden, el siguiente paso importante en el proceso de pensamiento arquitectónico es representar el nivel abstracto en más detalles, describiendo cada componente y las relaciones.

Describir representaciones abstractas en detalles concretos también requiere una gran cantidad de ejercicio mental, incluyendo el manejo de múltiples patrones, que pueden estimular nuestras habilidades de pensamiento.

Este capítulo concluye el enfoque de pensamiento arquitectónico de alto nivel que podemos utilizar para aumentar nuestra inteligencia digital. Ahora, profundicemos en la complejidad digital, que es otro tema importante relacionado con la inteligencia digital.

Resumen del capítulo y puntos para llevar

El pensamiento arquitectónico puede ser utilizado como un marco robusto para obtener conocimiento digital, desvelar el misterio de la inteligencia digital y aumentar nuestra inteligencia digital proporcionando un enfoque estructurado.

La visión establece el escenario y nos muestra dónde queremos estar en el futuro. Aunque todo el mundo tiene una visión, una visión productiva y estratégica es una capacidad de liderazgo y requiere una cantidad sustancial de inteligencia, conocimiento, habilidades y experiencia.

Nuestra estrategia digital nos ayuda a llegar a nuestro destino utilizando un plan maestro. El plan maestro puede ser una hoja de ruta de alto nivel que nos lleve al destino que establezcamos.

Tanto los usuarios como los sistemas tienen sus requisitos. Existen diferentes requisitos para los diferentes tipos de usuarios.

La recopilación de requisitos para las iniciativas digitales es un proceso de extremo a extremo, como la recopilación, el análisis, la aclaración, el seguimiento, la validación y el uso.

El manejo de los casos de uso requiere diferentes modos de pensamiento, tales como mirar las cosas desde la perspectiva del usuario. Observar y ser observador al mismo tiempo es una capacidad mental crítica.

Al entender el estado actual, establecemos el estado futuro y desarrollamos una hoja de ruta para alcanzar los objetivos.

El pensamiento arquitectónico puede guiarnos a pensar en la viabilidad de nuestra hoja de ruta de la solución digital teniendo en cuenta los riesgos, las dependencias y las limitaciones del camino.

Una compensación es un compromiso entre dos opciones. Al hacer concesiones, necesitamos considerar factores críticos, como el costo, la calidad, la funcionalidad, la usabilidad y muchos otros elementos no funcionales.

Necesitamos tomar decisiones arquitectónicas muy cuidadosamente ya que cada decisión puede tener un impacto severo y múltiples implicaciones. Algunas implicaciones pueden estar relacionadas con los costes, mientras que otras pueden estar relacionadas con el rendimiento, la disponibilidad, la seguridad y la escalabilidad.

Establecer el contexto para cualquier solución nos ayuda a comunicarla a las partes interesadas de manera eficiente. El contexto añade claridad a la comprensión de la solución.

Un modelo es la estructura propuesta típicamente en una escala menor que la original. Describir representaciones abstractas en detalles concretos también requiere una gran cantidad de ejercicio mental, incluyendo el manejo de múltiples patrones, que pueden estimular nuestras habilidades de pensamiento.

Capítulo 4: Complejidad digital

Propósito

Tratar con la complejidad requiere una inteligencia extensiva. Considerando el contexto de la inteligencia digital, el propósito de este capítulo es señalar la complejidad como uno de los desafíos más significativos relacionados con los compromisos digitales. Una vez que entendemos la complejidad, el siguiente paso es encontrar maneras efectivas de lidiar con la complejidad. Como pueden adivinar, propondría un enfoque estructurado para tratar con la complejidad.

Entornos empresariales

Sabemos que los entornos empresariales pueden ser extremadamente complejos con múltiples capas de sistemas, tecnologías, herramientas y procesos. Sin embargo, estas son sólo las puntas de los icebergs. La parte más significativa del iceberg, el verdadero desafío, es tratar con la gente de la empresa, especialmente con múltiples partes interesadas con diferentes roles, responsabilidades y agendas confusas. Los sistemas de acoplamiento y las personas pueden añadir complejidad adicional a los entornos empresariales. ¡Tienes la foto!

Manejo de la Complejidad

Existen diferentes enfoques y técnicas para gestionar la complejidad de las empresas que se transforman en objetivos digitales. En esta sección, proporciono un enfoque rápido y genérico para tratar la complejidad.

La técnica más común es la simplificación de la complejidad mediante el uso de un enfoque de partición. Esta técnica se aplica tanto a los sistemas como a las personas. Para simplificar la complejidad, podemos dividir, subdividir, segregar o repartir los sistemas, objetos, componentes o equipos entre unidades más pequeñas.

El proceso de partición se refiere a hacer partes más pequeñas de un objeto astronómico como una empresa en transformación. Digamos que se trata de un amplio sistema de redes en la organización. Tratar con un sistema tan extenso puede ser desalentador. En este caso, dividimos la red global en partes más pequeñas, como una red de área amplia o una red de área local. Entonces podemos particionar aún más la red de área amplia desde las perspectivas de las herramientas, tales como enrutadores, conmutadores y otros dispositivos. Entonces, tratar con el sistema segmentado puede ser más eficiente y rápido.

Una vez que particionamos un sistema global, podemos empezar a simplificarlo observando la cantidad. Una forma de simplificar un sistema es reducir el número de componentes repetitivos. Tomemos el número de servidores, por ejemplo, observando mil unidades de servidores, y diez servidores pueden hacer una gran diferencia.

Otra técnica podría ser mover un elemento de un grupo grande de los elementos agrupados, pero aún así, mantener la relación para preservar su identidad central. Más adelante ofreceré un capítulo sobre la importancia de la simplificación para la modernización de las empresas y las transformaciones digitales, ya que la simplificación es un factor crítico de éxito.

Después de particionar y simplificar, el siguiente método útil es la iteración. Probablemente has oído hablar mucho de este término mientras trabajabas con métodos ágiles. La iteración es el progreso de las actividades en pasos más pequeños y en trozos. La iteración es uno de los mejores enfoques para tratar la complejidad y la incertidumbre.

Avanzando con pasos iterativos, podemos lograr algunos pequeños resultados. Si el pequeño resultado es positivo, progresamos y pasamos a la siguiente iteración. Si el resultado es negativo, fallamos pero aprendemos a no hacerlo e intentamos otra iteración.

El lado positivo de este resultado negativo es que fracasamos barato, y fracasamos rápidamente. Fallar barato y rápidamente no hace una gran diferencia desde el punto de vista financiero y de la programación del proyecto. Paradójicamente, la falta de barato y rápido proporcionar ganancias financieras.

Podemos recordar estos tres métodos básicos utilizando ejemplos cotidianos, como por ejemplo tener equipos separados para diferentes funciones en el trabajo; esto es la división de los equipos. Sólo pertenecemos a una sola nación; esto es una simplificación. Planeamos una escuela o un examen de certificación capítulo por capítulo; esto es iteración. También hay diferentes herramientas que utilizamos para estas técnicas. Los cubrimos en los capítulos siguientes de este libro.

Resumen del capítulo y puntos para llevar

Tratar con la complejidad requiere una inteligencia extensiva.

La técnica más común es la simplificación de la complejidad mediante el uso de un enfoque de partición. Podemos dividir, subdividir, segregar o repartir los sistemas, objetos, componentes o equipos entre unidades más pequeñas.

Una forma de simplificar un sistema es reducir el número de componentes repetitivos.

Otra técnica podría ser mover un elemento de un grupo grande de los elementos agrupados, pero aún así, mantener la relación para preservar su identidad central.

Después de particionar y simplificar, el siguiente método útil es la iteración.

Capítulo 5: Inteligencia Financiera para la Inteligencia Digital

Propósito

Podría decirse que el aspecto financiero de las transformaciones digitales puede ser el más importante. Incluso si creamos un modelo de arquitectura con diseños impecables, si la solución no es económicamente viable y no produce un retorno de la inversión convincente, no puede considerarse un éxito. Por lo tanto, la inteligencia financiera para la transformación digital es obligatoria y debería ser un objetivo prioritario. El propósito de este capítulo es proporcionar una visión de alto nivel de las propuestas de coste y valor digital. La comprensión de los aspectos financieros hace valiosas contribuciones a nuestra inteligencia digital.

Concienciación digital de los costes

Todo en la transformación de la empresa genera costos sustanciales. Hay costos conocidos y ocultos. Es relativamente más cómodo tratar con los costos conocidos; podemos aplicar cierta lógica y recursos para abordarlos. Sin embargo, el verdadero reto es hacer frente a los costes ocultos.

Los costos ocultos son la parte más significativa del proverbial iceberg. Aunque los equipos financieros gestionan el coste, el equipo técnico necesita encontrar formas de hacer que las soluciones digitales sean baratas, asequibles y reducir el coste gradualmente sin comprometer la calidad. Las consideraciones de calidad son los requisitos críticos de las iniciativas de transformación digital.

Preocupaciones sobre la calidad y el costo

Existe la percepción común de que no es posible hacer que las soluciones sean rentables sin comprometer la calidad. La razón es que debemos hacer un número considerable de concesiones en las fases de arquitectura y desarrollo técnico. Estoy parcialmente de acuerdo con esta afirmación. Hay muchos desafíos y factores que deben considerarse para lograr este objetivo. Nuestro enfoque marca la diferencia.

Como líderes digitales, podemos contribuir a reducir los costes de las soluciones haciendo concesiones con un enfoque metódico y colaborativo. Por ejemplo, podemos obtener información de colaboración a través de la creación de un puente entre las partes interesadas en los negocios y la tecnología. Podemos aplicar un enfoque ágil y otras formas innovadoras, como la automatización y la estandarización, a componentes repetitivos y que consumen muchos recursos.

Podemos aumentar la calidad de las soluciones mediante la aplicación de la diligencia profesional, el rigor arquitectónico, la agilidad en la entrega, la colaboración inteligente entre múltiples equipos y la recolección de materiales reutilizables. Estos enfoques basados en principios y en la reducción de costes son fundamentales para mantener y aumentar la calidad. El aumento de la calidad puede tener un efecto favorable en la viabilidad financiera de las soluciones.

Lista de materiales

Un impacto simple pero poderoso en el control de costos está relacionado con la lista de materiales en los programas de transformación digital. La lista de materiales se refiere a los costos de hardware, software y servicios. Como líderes digitales, podemos participar en el desarrollo de modelos de costes de forma proactiva. Por ejemplo, podemos ayudar a desarrollar una lista de materiales de la solución una vez que hayamos establecido la estrategia de la solución y completado todos los artefactos de diseño de alto nivel.

Tenga en cuenta que puede haber una enorme presión por parte de los gerentes de proyectos y el personal de adquisiciones para generar una lista de materiales por adelantado debido a las demandas del ciclo de vida del proyecto. Sin embargo, podemos señalar que sin una arquitectura y un diseño aprobados, no podemos comenzar a comprar materiales.

Esta inteligencia asertiva y directa de los miembros del equipo técnico puede ahorrar una cantidad considerable de fondos para los programas de modernización y transformación de la empresa o ahorrar el desperdicio de presupuestos bien controlados y ajustados en este clima económico. Desafortunadamente, fui testigo en varias ocasiones de millones de dólares de materiales comprados por adelantado y desperdiciados debido a los cambios en la arquitectura y los diseños. Esta lección aprendida merece ser considerada.

Costes de infraestructura y mantenimiento

Puede haber grandes costos de infraestructura y mantenimiento asociados con grandes centros de datos, granjas de servidores, dispositivos móviles, unidades de almacenamiento, herramientas de procesamiento de datos, máquinas de análisis y alojamiento en multi-Clouds.

Estos componentes fundamentales de la infraestructura son esenciales para hacer viables las soluciones empresariales digitales. Sin embargo, un solo fallo o defecto en un dispositivo o grupo de dispositivos que atienden a los consumidores a través de estas tecnologías de gama alta puede afectar negativamente a los niveles de servicio, por lo que podría dar lugar a costes elevados para los proveedores de servicios.

Costos de disponibilidad y rendimiento

La disponibilidad y el rendimiento de los sistemas son los factores significativos para abordar los niveles de servicio punitivos. Una forma de inteligencia para abordar estos riesgos es la introducción de la automatización en la gestión de servicios.

Los SLA automatizados pueden detectar una baja disponibilidad y un rendimiento deficiente. Estos SLAs automatizados activan las reglas y obligan a las organizaciones que incumplen los acuerdos a pagar las sanciones acordadas contractualmente.

El tiempo de inactividad es el factor más crítico para generar sanciones excesivas. Cuanto más tiempo los sistemas están caídos, más altas son las penalizaciones. Nuestra contribución a la disponibilidad y al rendimiento mediante la adopción de las medidas necesarias puede marcar una diferencia sustancial en la gestión de costes. Discutimos las implicaciones de los SLAs en la siguiente sección.

Acuerdos de nivel de servicio (SLA)

Los costos de los tiempos de inactividad del servicio pueden ser muy altos en base a las tarifas acordadas y causar multas excesivas cuando se acumulan por violaciones del nivel de servicio por parte de las organizaciones. Los incumplimientos del nivel de servicio también tienen un efecto estratégico adverso en los productos y servicios de una organización. Por ejemplo, los tiempos de inactividad en los servicios o los defectos en los productos pueden dar lugar a una escasa satisfacción de los clientes. Si también miramos desde el punto de vista del consumidor, pierden negocio debido a los tiempos de inactividad del servicio. Se trata de una situación de pérdida, a pesar de que las organizaciones de consumidores son compensadas con penalizaciones por SLA pagadas por los proveedores de servicios.

Debemos prestar atención a los SLAs desde las etapas iniciales del ciclo de vida de la solución digital. Cuanto mayor sea la calidad de las soluciones, más fácil será para los SLAs cumplir con ellas cuando las soluciones estén en producción y en estado operativo. El rigor de la calidad en cada fase puede contribuir positivamente a hacer frente a los riesgos de SLA.

Algunas de las consideraciones clave para abordar los problemas de SLA podrían ser la monitorización autónoma del estado y el mantenimiento remoto. Existen soluciones especializadas para estas técnicas de tendencias. Puede ser útil asignar especialistas en automatización y estandarización para el diseño de estas características únicas en nuestras soluciones digitales.

La gestión del nivel de servicio también es crucial en las iniciativas digitales. Para poner esto en una perspectiva práctica, uno de los mayores temores de los ejecutivos de negocios es el impacto de los problemas de rendimiento y disponibilidad que dañan la satisfacción de los clientes de sus organizaciones y comprometen los ingresos del negocio.

Para hacer frente a los riesgos asociados a este negocio válido, los líderes digitales deben prestar especial atención a la estrategia, planificación, diseño e implementación de SLA de forma integrada. Una gestión proactiva y eficaz de los SLA es una de las áreas clave en las que la inteligencia digital marca una diferencia real en la gestión de costes.

Sistema Digital

Las transformaciones digitales son largos viajes que llevan a las empresas del caos a la coherencia. El proceso de transformación incluye todos los aspectos de la empresa. Para el alcance de este libro, nos centramos en los sistemas digitales. A pesar de que los sistemas digitales sólo se parecen un poco a una organización en una empresa global, este dominio por sí mismo puede ser gigantesco, especialmente para las grandes organizaciones.

Los sistemas digitales empresariales pueden incluir procesos de TI empresariales, datos empresariales, aplicaciones empresariales, infraestructura de TI y prestación de servicios de TI. Estos dominios pueden ser incluso más complicados con la adición de factores geográficos como la adición de varios países a la ecuación.

Una de las soluciones de solución esenciales para hacer frente a esta complejidad es modernizar estos dominios primarios de forma iterativa y en paralelo. Repasemos el enfoque metódico que presento en la siguiente sección.

Enfoque metódico de la gestión de costes

Los líderes en soluciones digitales necesitan seguir un enfoque metódico para gestionar el coste y contribuir a la viabilidad y rentabilidad de la solución. Se debe aplicar un enfoque de arriba hacia abajo y de abajo hacia arriba, dependiendo de las necesidades.

En el nivel superior, vemos el negocio y los procesos de TI, y en el nivel inferior, vemos la infraestructura de TI. Estos dos dominios pueden transformarse de forma independiente mediante actividades paralelas. Sin embargo, es esencial un enfoque integrado, ya que siempre puede haber dependencias desde múltiples ángulos tanto en los enfoques descendentes como en los ascendentes.

Una vez que una organización tiene una estrategia de transformación aprobada, los líderes digitales refinan la estrategia y la convierten en formatos arquitectónicos y técnicos claros. El documento de estrategia es un artefacto crítico para reunir a todas las partes y partes interesadas en la misma página. A continuación, los líderes en soluciones digitales identifican las dependencias críticas entre estos dominios basándose en consideraciones a corto, medio y largo plazo.

Utilizando la estrategia y considerando las dependencias, los líderes en soluciones digitales necesitan desarrollar una hoja de ruta de alto nivel para informar a los ejecutivos patrocinadores. Esta hoja de ruta puede indicar los resultados clave, los plazos y el coste aproximado de las actividades generales de modernización y transformación. Estas indicaciones pueden ser inicialmente de un nivel muy alto, ya que puede haber muchos factores que afecten a los plazos, los recursos y los costos asociados.

Una vez establecida la hoja de ruta para la transformación digital, los líderes de la solución deben realizar una evaluación completa de la viabilidad teniendo en cuenta el estado actual de las iniciativas a las que se aplica el alcance, su estado futuro indicativo y las estrategias para alcanzar el estado final. Esta evaluación de la viabilidad debe incluir riesgos, limitaciones y dependencias clave. La evaluación de viabilidad puede ser la herramienta más informativa que una solución digital puede proporcionar a los ejecutivos patrocinadores para tomar decisiones informadas.

Tras la revisión y aprobación de la evaluación de viabilidad, los líderes en soluciones digitales profundizan en la recopilación de los requisitos de alto nivel de las soluciones basados en los dominios que hemos mencionado anteriormente. Como tratar con los requisitos de esos dominios puede ser desalentador, los líderes en soluciones digitales pueden delegar el proceso de recopilación de requisitos con los arquitectos de dominios y programas, los especialistas técnicos y los analistas de negocios en base a sus habilidades relevantes a los tipos de requisitos.

En esta fase, el papel del líder de la solución digital es coordinar y facilitar el equipo de gestión de requisitos, que puede estar formado por múltiples arquitectos, especialistas técnicos y analistas de negocio.

Una vez que los requisitos se han recopilado y analizado en una cantidad razonable, la siguiente actividad importante es priorizar los requisitos en función del impacto en el negocio. A medida que la solución digital va avanzando, necesitamos desarrollar criterios para priorizar los requisitos basados en los factores descritos en los documentos de estrategia y hoja de ruta, así como en los profesionales financieros y empresariales establecidos por los ejecutivos patrocinadores.

Siguiendo este enfoque metódico pero directo, podemos estar al tanto de los problemas y contribuir al control de los costes. La reducción de costes también puede aumentar la viabilidad financiera de la solución digital. Además, tenemos que introducir la innovación de forma continua, como facilitador de la reducción de costes, ya que puede ser el actor dominante en la gestión de costes globales en entornos digitales complejos. La innovación se trata en un capítulo aparte, debido a su importancia en la gestión de costes y el retorno de la inversión.

Resumen del capítulo y puntos para llevar

Todo en la transformación de la empresa genera costos sustanciales. Hay costos conocidos y ocultos.

Los costos ocultos son la parte más significativa del proverbial iceberg.

Podemos contribuir a reducir los costes de la solución haciendo concesiones con un enfoque metódico y colaborativo.

Aumentamos la calidad de las soluciones mediante la aplicación de la diligencia profesional, el rigor arquitectónico, la agilidad en la entrega, la colaboración inteligente entre múltiples equipos y la recolección de materiales reutilizables.

Tenga en cuenta que puede haber una enorme presión por parte de los gerentes de proyectos y el personal de adquisiciones para generar una lista de materiales por adelantado debido a las demandas del ciclo de vida del proyecto. Sin embargo, podemos señalar que sin una arquitectura y un diseño aprobados, no podemos comenzar a comprar materiales.

Puede haber grandes costos de infraestructura y mantenimiento asociados con grandes centros de datos, granjas de servidores, dispositivos móviles, unidades de almacenamiento, herramientas de procesamiento de datos, máquinas de análisis y alojamiento en multi-Clouds.

Los SLA automatizados pueden detectar una baja disponibilidad y un rendimiento deficiente. Estos SLAs automatizados activan las reglas y obligan a las organizaciones que incumplen los acuerdos a pagar las sanciones acordadas contractualmente.

Debemos prestar atención a los SLAs desde las etapas iniciales del ciclo de vida de la solución digital. Cuanto mayor sea la calidad de las soluciones, más fácil será para los SLAs cumplir con ellas cuando las soluciones estén en producción y en estado operativo. El rigor de la calidad en cada fase puede contribuir positivamente a hacer frente a los riesgos de SLA.

Algunas de las consideraciones clave para abordar los problemas de SLA podrían ser la monitorización autónoma del estado y el mantenimiento remoto.

Las transformaciones digitales son largos viajes que llevan a las empresas del caos a la coherencia. El proceso de transformación incluye todos los aspectos de la empresa.

Los sistemas digitales empresariales pueden incluir procesos de TI empresariales, datos empresariales, aplicaciones empresariales, infraestructura de TI y prestación de servicios de TI. Estos dominios pueden ser incluso más complicados con la adición de factores geográficos como la adición de varios países a la ecuación.

Una de las soluciones de solución esenciales para hacer frente a esta complejidad es modernizar estos dominios primarios de forma iterativa y en paralelo.

El documento de estrategia es un artefacto crítico para reunir a todas las partes y partes interesadas en la misma página. A continuación, los líderes en soluciones digitales identifican las dependencias críticas entre estos dominios basándose en consideraciones a corto, medio y largo plazo.

Una evaluación de viabilidad debe incluir riesgos, limitaciones y dependencias clave. La evaluación de viabilidad puede ser la herramienta más informativa que una solución digital puede proporcionar a los ejecutivos patrocinadores para tomar decisiones informadas.

A medida que la solución digital va avanzando, necesitamos desarrollar criterios para priorizar los requisitos basados en los factores descritos en los documentos de estrategia y hoja de ruta, así como en los profesionales financieros y empresariales establecidos por los ejecutivos patrocinadores.

Necesitamos introducir la innovación de forma continua, como facilitador de la reducción de costes, ya que puede ser el actor dominante en la gestión de costes globales en entornos digitales complejos.

Capítulo 6: Inteligencia innovadora e inventiva

Propósito

Intento reflexionar sobre mis observaciones y pensamientos acerca de cómo los líderes digitales pueden utilizar la inteligencia innovadora e inventiva junto con los principios de colaboración del enfoque centrado en la fusión para iniciar, potenciar y cumplir los objetivos de modernización y transformación de la empresa.

En este capítulo, queremos entender la importancia de la inteligencia innovadora e inventiva como factor de empoderamiento para el éxito de la modernización y transformación digital. Alcancemos un entendimiento común del proceso de pensamiento innovador e inventivo en este contexto práctico.

Innovación e Invención

Podemos definir el pensamiento innovador e inventivo en diferentes términos basados en el tipo de trabajo, las profesiones, la industria y otros antecedentes. En este libro, mi definición de pensamiento innovador e inventivo es el uso de la creatividad para generar nuevas ideas, nuevos métodos, nuevos enfoques, nuevas técnicas, nuevos procesos y nuevas herramientas, o para mejorar el entorno actual con el fin de obtener conocimientos, añadir un valor empresarial convincente, reducir costes innecesarios e incrementar los ingresos deseados centrándose en el rendimiento de la inversión.

La innovación y la invención se relacionan con la novedad, la mejora, las iteraciones y el progreso continuo y constante. El pensamiento innovador e inventivo genera ideas nuevas, se centra en mejorar las ideas y se esfuerza por lograr un progreso continuo e iterativo. Con este fin, el pensamiento innovador e inventivo puede utilizar principios de entrega ágiles para alcanzar sus objetivos. El pensamiento innovador e inventivo puede ser práctico.

El pensamiento innovador e inventivo alimenta la cultura y es un aspecto crítico de un ecosistema digital en proceso de modernización de las organizaciones. Las culturas empresariales que adoptan enfoques de pensamiento innovadores e inventivos pueden renovarse naturalmente para sobrevivir y prosperar en condiciones fluctuantes, que son típicas de las empresas que se modernizan y transforman. Estas empresas se extienden a las siguientes generaciones con un progreso constante, una imagen renovada, servicios mejorados y capacidades más sólidas.

La innovación, las invenciones, la excelencia técnica y la agilidad están interrelacionadas. El pensamiento innovador e inventivo enciende la excelencia técnica, y la excelencia técnica puede ser potenciada por la agilidad. Por lo tanto, como líderes digitales, debemos ser innovadores e inventores naturales que produzcan resultados con agilidad. Necesitamos practicar el pensamiento innovador e inventivo en nuestra vida diaria y motivar a las personas que nos rodean. Ahora, intentemos encontrar algunas formas prácticas de generar inteligencia inventiva e innovadora.

Modos de Pensamiento

La innovación y la invención requieren múltiples modos de pensar de manera diferente. Tradicionalmente, la mayoría de nosotros pensamos verticalmente, linealmente o en binario. Usualmente usamos tipos de pensamiento verticales y lineales para resolver problemas. La aplicación de la lógica y la racionalización de los pensamientos son algunas de las técnicas en este tipo de modo de pensamiento. El pensamiento lineal es profundo, capa por capa, y de una manera lógica. El pensamiento binario consiste en términos simples como sí o no, blanco y negro, bueno o malo.

A diferencia del pensamiento vertical, el pensamiento horizontal, que abarca más amplitud que profundidad, tiene por objeto generar ideas impredecibles rompiendo los rígidos patrones de pensamiento. El pensamiento horizontal desafía las suposiciones. Este tipo de pensamiento busca alternativas y va más allá de lo ordinario, creando soluciones radicales.

Podemos aplicar el pensamiento horizontal para crear ideas innovadoras e inventivas. Existen diferentes técnicas que podemos utilizar para potenciar el pensamiento horizontal. Algunas técnicas comúnmente utilizadas para el pensamiento horizontal son las aleatorizaciones, las distorsiones, las inversiones, las exageraciones, las metáforas, las analogías, los sueños, la minería temática, el cuestionamiento de las normas y la creación de contradicciones.

Una de las técnicas prácticas para generar ideas innovadoras e inventivas es el uso de mapas mentales. Podemos articular nuestros pensamientos utilizando mapas representativos en papel o pizarra. También podemos usar otras representaciones visuales, como dibujar en una pizarra mientras explicamos ideas abstractas. La gente puede visualizar mejor las ideas abstractas mirando el dibujo como el proverbio de una sola imagen puede decir mil palabras.

Creación de la Cultura de la Innovación y la Invención

Muchas empresas intentan crear una cultura de la innovación y la invención integrada en su ecosistema modernizador. Los líderes digitales son el catalizador para la formación y mantenimiento de esta cultura de empoderamiento. Con el apoyo de sus líderes técnicos, los miembros del equipo de estas culturas desafían continuamente el status quo. La gente acepta los cambios y los desafíos de estas culturas.

La gente colabora mejor en culturas que adoptan ideas innovadoras e inventivas. Se ven a sí mismos con las condiciones cambiantes en nuevas posiciones. No se resisten porque saben que el cambio puede serles útil. En estas culturas enriquecedoras, crean centros de excelencia o laboratorios de ideas para que la gente pruebe nuevas ideas. Llevan a cabo pruebas y errores continuos para crear y poner a prueba sus ideas convincentes. Pueden fracasar a veces, pero fracasan rápidamente y vuelven a la realidad con un mejor conocimiento. Ellos ven las pruebas que fallan como nuevas definiciones.

Aprovechar e impulsar el pensamiento creativo da como resultado nuevas culturas. Como líderes digitales, necesitamos cultivar la cultura e inspirar a los miembros del equipo. La mejor manera de encender la innovación y la invención es ser un modelo a seguir para nuestros seguidores. Necesitamos animar a los miembros del equipo a innovar, inventar y recompensar sus logros.

En las organizaciones modernizadoras, la innovación y la invención se vuelven habituales. Los miembros del equipo se esfuerzan por alcanzar la excelencia creando nuevas ideas en sus tareas diarias. A nadie se le llama con nombres raros o con otros adjetivos críticos. En cambio, las nuevas ideas son bienvenidas, elogiadas e incluso premiadas de diferentes maneras. La gente abraza el cambio constante y las nuevas ideas, incluso si pueden ser dolorosas a veces. Aprenden a convertir el dolor en placer con los resultados gratificantes de las transformaciones evidentes.

Metafóricamente, la innovación es como el aire y el agua para nuestra supervivencia. Además de la supervivencia, necesitamos usar el pensamiento innovador e inventivo para prosperar. No sólo necesitamos crear innovaciones e invenciones a nivel personal, sino también a través de la colaboración con los equipos inmediatos y los equipos extendidos. Debemos seguir preguntándonos cómo ofrecer experiencias innovadoras e inventivas momento a momento continuamente.

Pensamiento de Diseño

Uno de los métodos que podemos utilizar son las actividades de pensamiento de diseño que pueden tener lugar diariamente en las interacciones del equipo. El pensamiento de diseño permite que el equipo sea intuitivo y lógico al mismo tiempo. El pensamiento de diseño permite a los miembros del equipo ser más creativos para reconocer nuevos patrones. Como el pensamiento de diseño está estrechamente asociado con el enfoque ágil, los profesionales del pensamiento de diseño progresan sus ideas de manera iterativa. Las iniciativas de modernización de las empresas requieren la adopción de un pensamiento de diseño en su cultura central.

Mentalidad de Crecimiento

Necesitamos tener una mentalidad de crecimiento para encender la innovación y la invención en el ecosistema. Debemos ayudar a los miembros de nuestro equipo con una mentalidad fija para que se conviertan a una mentalidad de crecimiento. Dado que una mentalidad de crecimiento puede conducir a soluciones innovadoras e inventivas, debe ser una característica incorporada en la personalidad de las personas en el ecosistema digital.

Como líderes digitales inteligentes, debemos conducir a un cambio de mentalidad en los equipos pequeños y grandes. Debemos mantener una actitud positiva de'podemos hacer' para cualquier desafío que encontremos.

Debemos centrarnos en el cliente y ponernos en su lugar con gran empatía. Usando técnicas de pensamiento de diseño, podemos desarrollar mapas de empatía. La mentalidad basada en la empatía es parte de la práctica del pensamiento de diseño.

Co-creación

Para encender la innovación, necesitamos considerar las condiciones del mercado y las necesidades de los clientes. Estas condiciones pueden ayudarnos a generar nuevas ideas. Escuchar atentamente a nuestros clientes y colaborar con ellos puede ayudarnos a centrarnos en el pensamiento innovador. Muchas innovaciones pueden ser co-creadas con los clientes.

Un enfoque de innovación e invención centrado en el cliente puede ser invaluable. Podemos vincular las preocupaciones, requisitos y aspiraciones de los clientes con las capacidades de la organización y luego definir las áreas de enfoque para la innovación y las agendas de invención para permitir que la transformación digital responda a sus necesidades.

Bloqueos de la Innovación y la Invención

Puede haber muchos obstáculos visibles e invisibles para la innovación; por lo tanto, es fundamental reconocer los obstáculos potenciales. Las barricadas pueden ser de varias formas y desde varios ángulos. Uno de los principales obstáculos es mantener el statu quo. Las empresas y los procesos empresariales tradicionales mantienen el statu quo. Existe una fuerte resistencia al cambio en estas culturas.

Muchas organizaciones reconocen hoy en día la importancia del pensamiento innovador e inventivo. Sin embargo, siempre hay un miedo y una resistencia desconocidos a las novedades por parte de algunas personas que pueden tener agendas ocultas.

Como líderes digitales, debemos reconocer a aquellas personas que pueden intentar sabotear el pensamiento innovador e inventivo en los programas de modernización. A pesar de que estas personas con una mentalidad negativa pueden ser minoría, todavía pueden tener un tremendo impacto adverso en el progreso deseado.

Una manera de tratar con las personas que resisten es ser transparentes con ellas y tener una conversación cara a cara. Debemos encontrar maneras de involucrar a ese tipo de personas y mostrar el valor y el beneficio de las nuevas ideas para ese tipo de personas. Si esas personas pueden ver el valor por sí mismas, entonces pueden convertirse en partidarios. El punto crítico es preguntarles y hacerles pensar positivamente.

La mentalidad de seguir como si nada hubiera pasado puede ser un obstáculo para las nuevas ideas. Los procesos empresariales engorrosos pueden ser factores disuasorios. Y lo que es más importante, los empleados cansados apenas pueden tener interés en la innovación y las invenciones, ya que no pueden ver la necesidad inmediata. La mejor manera es separar los nuevos y los viejos negocios como de costumbre como dos departamentos diferentes. Sin embargo, debemos encontrar algunas formas de colaboración para tenderles un puente.

Por supuesto, el negocio, como siempre, es esencial para que la organización continúe con su función actual, pero estas organizaciones también necesitan innovación e invención para transformarse al mundo digital con nuevos conocimientos, competitividad en el mercado y generación de ingresos. Los programas de modernización y transformación deben mantenerse separados de las prácticas habituales para evitar cualquier efecto adverso del pensamiento tradicional; sin embargo, debemos integrarlos de manera que se eviten los efectos indeseables de los viejos modelos de pensamiento.

Resumen del capítulo y puntos para llevar

La innovación y la invención se relacionan con la novedad, la mejora, las iteraciones y el progreso continuo y constante. El pensamiento innovador e inventivo genera ideas nuevas, se centra en mejorar las ideas y se esfuerza por lograr un progreso continuo e iterativo.

Las culturas empresariales que adoptan enfoques de pensamiento innovadores e inventivos pueden renovarse naturalmente para sobrevivir y prosperar en condiciones fluctuantes, que son típicas de las empresas que se modernizan y transforman.

La innovación, las invenciones, la excelencia técnica y la agilidad están interrelacionadas. El pensamiento innovador e inventivo enciende la excelencia técnica, y la excelencia técnica puede ser potenciada por la agilidad.

Usualmente usamos tipos de pensamiento verticales y lineales para resolver problemas. La aplicación de la lógica y la racionalización de los pensamientos son algunas de las técnicas en este tipo de modo de pensamiento.

El pensamiento horizontal, que abarca más amplitud que profundidad, tiene como objetivo generar ideas impredecibles rompiendo los rígidos patrones de pensamiento. El pensamiento horizontal desafía las suposiciones. Este tipo de pensamiento busca alternativas y va más allá de lo ordinario, creando soluciones radicales.

Algunas técnicas comúnmente utilizadas para el pensamiento horizontal son las aleatorizaciones, las distorsiones, las inversiones, las exageraciones, las metáforas, las analogías, los sueños, la minería temática, el cuestionamiento de las normas y la creación de contradicciones.

Una de las técnicas prácticas para generar ideas innovadoras e inventivas es el uso de mapas mentales. Podemos articular nuestros pensamientos utilizando mapas representativos en papel o pizarra.

La gente colabora mejor en culturas que adoptan ideas innovadoras e inventivas. Se ven a sí mismos con las condiciones cambiantes en nuevas posiciones. No se resisten porque saben que el cambio puede serles útil.

La mejor manera de encender la innovación y la invención es ser un modelo a seguir para nuestros seguidores. Necesitamos animar a los miembros del equipo a innovar, inventar y recompensar sus logros.

En las organizaciones modernizadoras, la innovación y la invención se vuelven habituales. Los miembros del equipo se esfuerzan por alcanzar la excelencia creando nuevas ideas en sus tareas diarias.

No sólo necesitamos crear innovaciones e invenciones a nivel personal, sino también a través de la colaboración con los equipos inmediatos y los equipos extendidos.

El pensamiento de diseño permite que el equipo sea intuitivo y lógico al mismo tiempo. El pensamiento de diseño permite a los miembros del equipo ser más creativos para reconocer nuevos patrones.

Necesitamos tener una mentalidad de crecimiento para encender la innovación y la invención en el ecosistema. Debemos ayudar a los miembros de nuestro equipo con una mentalidad fija para que se conviertan a una mentalidad de crecimiento.

Debemos centrarnos en el cliente y ponernos en su lugar con gran empatía. Usando técnicas de pensamiento de diseño, podemos desarrollar mapas de empatía. La mentalidad basada en la empatía es parte de la práctica del pensamiento de diseño.

Necesitamos considerar las condiciones del mercado y las necesidades de los clientes. Estas condiciones pueden ayudarnos a generar nuevas ideas. Escuchar atentamente a nuestros clientes y colaborar con ellos puede ayudarnos a centrarnos en el pensamiento innovador. Muchas innovaciones pueden ser co-creadas con los clientes.

Puede haber muchos obstáculos visibles e invisibles para la innovación; por lo tanto, es fundamental reconocer los obstáculos potenciales. Las barricadas pueden ser de varias formas y desde varios ángulos. Uno de los principales obstáculos es mantener el statu quo.

Siempre hay un miedo y una resistencia desconocidos a las novedades por parte de algunas personas que pueden tener agendas ocultas. Debemos reconocer a las personas que pueden intentar sabotear el pensamiento innovador e inventivo en los programas de modernización.

Debemos encontrar maneras de involucrar a las personas que resisten y mostrar el valor y el beneficio de las nuevas ideas a este tipo de personas.

La mentalidad de seguir como si nada hubiera pasado puede ser un obstáculo para las nuevas ideas. Los procesos empresariales engorrosos pueden ser factores disuasorios. Y lo que es más importante, los empleados cansados apenas pueden tener interés en la innovación y las invenciones, ya que no pueden ver la necesidad inmediata.

Capítulo 7: Simplificación Inteligente

Propósito

Hemos dedicado este capítulo a la simplicidad; como se mencionó anteriormente, la simplicidad es un pilar crucial en nuestro marco de inteligencia digital. La simplicidad es un requisito sustancial que debe cumplirse para las transformaciones digitales y los objetivos de modernización. La simplicidad es también uno de los atributos críticos de los líderes digitales. Los líderes digitales deben ser capaces de convertir la complejidad en simplicidad. Hablemos brevemente de las razones.

Razón de la Simplicidad

La simplicidad toca casi todos los ángulos de las soluciones de modernización, ya que estas soluciones pueden ser increíblemente complejas. La simplicidad, en las empresas sofisticadas, es un tema paradójico. La modernización y las transformaciones de las empresas son tareas complejas y requieren una inteligencia sofisticada, como conocimientos profundos, competencias variadas y una amplia experiencia. Debemos simplificar los complicados procesos, sistemas, herramientas y tecnologías utilizando nuestra inteligencia digital.

Paradójicamente, para crear simplicidad, uno necesita tratar con mucha complejidad, complicaciones y asuntos sofisticados. Aquí es donde la inteligencia digital juega un papel importante. Obtener los conocimientos necesarios, adquirir habilidades avanzadas y adquirir experiencia sustancial no son actividades fáciles y no triviales. Tenemos que hacer frente a la complejidad utilizando nuestra inteligencia digital para crear simplicidad.

A partir de mis observaciones, los líderes digitalmente inteligentes que se ocupan de asuntos complejos y sofisticados pueden tener atributos extraordinarios para simplificar las cosas para otras personas. Crear simplicidad requiere una comunicación eficaz.

La simplicidad es una característica muy buscada en los servicios y productos digitales. El mundo digital moderno tiene como objetivo ofrecer soluciones simplificadas a los consumidores. A diferencia de la complejidad, la simplicidad es favorable para los consumidores. Por lo tanto, se espera que los líderes digitales simplifiquen situaciones complejas y problemas complicados y ofrezcan soluciones sencillas. La sencillez de la comunicación es uno de los factores críticos; por ello, lo destacamos en la siguiente sección.

Simplicidad de la Comunicación

Se espera que los líderes digitalmente inteligentes articulen los asuntos más complicados y complejos en un formato simple que sea comprensible para los demás. Crear simplicidad requiere un conocimiento profundo y un pensamiento flexible. La simplicidad requiere una comunicación clara. Una forma de comunicación clara es personalizar nuestro mensaje al nivel de las personas y al contexto correcto en el que nos comunicamos.

La simplicidad es un atributo deseado para tratar asuntos técnicos y construir relaciones. Los líderes digitales deben comunicarse en términos sencillos. Necesitan simplificar los asuntos técnicos al tratarlos. Deben establecer relaciones que representen simplicidad y eficiencia en sus acciones.

Simplicidad Centrada en el Usuario

La simplicidad requiere preguntarse cómo podemos crear productos y servicios simples, intuitivos y centrados en el ser humano. La simplicidad orientada al consumidor es un requisito para liderar equipos innovadores en las iniciativas de modernización. Los líderes digitales, con esta capacidad, necesitan motivar a sus equipos para que piensen en términos simples cuando transmitan sus mensajes para procesos técnicos complicados.

El camino hacia la modernización y transformación digital comienza con la simplificación de los sistemas, las herramientas, la tecnología y los componentes del proceso en todos los niveles y capas. Una de las formas más eficaces de simplificar el proceso es automatizar las tareas rutinarias y las pilas de tecnología repetitiva. La automatización puede ayudar a estandarizar y simplificar las tareas complicadas y repetitivas propensas a los errores humanos. Los líderes digitales, a la vez que profundizan en los detalles de la tecnología, también necesitan centrarse en las necesidades emergentes simplificándolas en términos de consumo.

En general, los consumidores siguen quejándose de que la tecnología crea complejidad y dificulta la comprensión de conceptos y objetos en el lenguaje humano natural. Por ejemplo, muchos consumidores se quejan de la engorrosa documentación escrita en un lenguaje enrevesado. También muestran su desaprobación por el volumen de documentos para el uso de un pequeño dispositivo de tecnología. Lo llaman un desperdicio.

Simplicidad de Proceso

Hay una desconexión generacional al tratar con la simplicidad del proceso. La vieja generación solía leer manuales para resolver sus problemas informáticos. Las pilas de software solían venir con grandes archivos "léeme". Sin embargo, la nueva generación trabaja con la tecnología de forma intuitiva. Apenas miran los manuales de los productos. Si están atascados, normalmente verán un vídeo de YouTube sobre cómo hacer algo o cómo solucionar problemas. En lugar de leer, prefieren ver un video. Tenemos que ser conscientes de este dramático cambio cultural en las tecnologías de consumo.

Necesitamos tener la misión de simplificar los procesos de negocio y tecnológicos y hacerlos centrados en el usuario. Este esfuerzo tiene como objetivo la eficiencia y la eficacia de los productos y servicios tecnológicos que conducen a la modernización y a las transformaciones digitales.

La simplificación de la tecnología es otro punto crítico. La tecnología se está transformando rápidamente hacia la orientación al servicio. La mayoría de los dominios tecnológicos se proporcionan sobre la base de modelos de servicios. La tendencia tecnológica más común es el modelo de servicios cloud. En el modelo de servicios Cloud, todo se proporciona en forma de servicios. Por ejemplo, los modelos de servicios en la nube pueden ser infraestructura, plataforma y software como servicio. De hecho, muchas otras pilas y procesos tecnológicos, como el análisis de datos y los procesos empresariales, pueden ofrecerse como servicios simplificados.

El sofisticado modelo de servicios en el back office requiere un grado considerable de simplificación para que los usuarios se beneficien del uso de tecnologías complicadas. Podemos agregar valor al negocio simplificando estos servicios para los miembros del equipo. Debemos inspirar a los miembros de nuestro equipo para que simplifiquen todo mediante la empatía con los consumidores. La simplificación es un proceso innovador que los líderes digitales deben liderar como modelos a seguir.

La simplicidad y la claridad están estrechamente relacionadas. Especialmente en la industria de servicios técnicos, proporcionar una experiencia transparente a los miembros del equipo técnico puede ser muy beneficioso. Además, poner esta experiencia transparente a disposición del usuario final en formatos aún más simplificados y explícitos para los patrones de uso puede añadir valor adicional a los objetivos de prestación de servicios.

Una manera eficaz de proporcionar simplicidad al consumidor es pensar como los consumidores. Los líderes digitales deben seguir centrándose en los principios básicos de la simplificación de productos y servicios para obtener la mejor experiencia posible para el usuario y unos méritos de consumo satisfactorios.

Simplicidad de diseño

La simplicidad del diseño es un factor esencial a tener en cuenta en los objetivos de modernización y transformación digital. La simplicidad del diseño tiene un enorme impacto en las fases posteriores del ciclo de vida de la modernización, como la prestación de servicios y el soporte. Cuanto más sencillo sea el diseño, más eficaz puede ser el soporte de entrega y servicio.

La aplicación del pensamiento de diseño, combinado con la adopción de métodos ágiles para el diseño, es uno de los enfoques de simplificación. La simplificación es un factor que permite una prestación de servicios ágil. Los métodos ágiles buscan simplificaciones utilizando un enfoque iterativo. Progresar con iteraciones puede ser más simple que progresar con trozos enteros.

Aplicando métodos ágiles en la fase de diseño, se simplifican los requisitos complicados utilizando casos de uso sencillo basados en personas. Los sistemas complejos se deconstruyen en partes más pequeñas y se tratan con trozos más sencillos. Podemos simplificar las relaciones del sistema con flujos iterativos. El enfoque simplificador se centra en bloques de construcción más pequeños.

La mayoría de los servicios tecnológicos se ofrecen hoy en día de forma digital a través de dispositivos móviles como tabletas y smartphones. Los diseños móviles deben centrarse en la simplicidad eliminando el desorden de las pantallas debido a la naturaleza de las vistas de pantalla pequeñas. Estos tipos de diseños deben centrarse sólo en los objetos fundamentalmente esenciales. Estas actividades son consideraciones fundamentales para los objetivos de modernización de las empresas.

El diseño de sistemas complejos también requiere simplificaciones a través de diseños modulares y orientados al servicio. La modularidad y los enfoques modulares de las soluciones complejas son esenciales para la simplificación, la modernización y la transformación digital. Uno de los enfoques para los objetivos de modernización puede ser un recorrido basado en el dominio que simplifique los módulos de la infraestructura de TI, las aplicaciones, la arquitectura, el middleware, la seguridad, la red y los dominios de datos.

Para profundizar en la simplificación del diseño en el ámbito de la tecnología, tomemos como ejemplo los contenedores. Los contenedores descomponen las arquitecturas monolíticas interdependientes en componentes manejables e independientes. Un contenedor, como un sistema acoplado libremente, es un entorno de tiempo de ejecución completo en un paquete. Incluye dependencias, binarios, bibliotecas y archivos de configuración. Estas nuevas técnicas y enfoques nos ayudan a simplificar el proceso de diseño.

Los líderes digitales inteligentes deben ser conscientes de la simplicidad del diseño. Necesitan organizar talleres para transmitir el mensaje de los diseños intuitivos centrados en el usuario y basados en principios de simplicidad.

Simplicidad Especifica

Las especificaciones en espiral también requieren simplificación. Durante muchos años, el tiempo y la energía invertidos en el sistema y en las especificaciones de usuario de los productos y servicios de software y hardware fueron sustanciales. Cuestan una enorme cantidad de fondos para los proyectos que desarrollan las especificaciones con muchos ingenieros talentosos, arquitectos técnicos y otros especialistas técnicos. Sin embargo, se hizo evidente que la inversión realizada en estas intrincadas especificaciones rindió en poco beneficio de lo esperado.

Las tendencias digitales, la cultura móvil y los enfoques ágiles introdujeron cambios sustanciales en el tratamiento de las engorrosas especificaciones, especialmente en lo que respecta a los usuarios o consumidores. Los detalles técnicos detallados para las especificaciones de los usuarios se consideraron innecesarios. Los métodos ágiles proponían simplificaciones de las engorrosas especificaciones en formato de historias de usuarios.

Las historias de usuarios son plantillas simples, incluyendo las funcionalidades, capacidades y especificaciones desde el punto de vista de los usuarios o consumidores. Desarrollar y entender las historias de los usuarios consiste en una sola página puede ser mucho más cómodo y efectivo que desarrollar o leer cientos de páginas de especificaciones en los métodos tradicionales.

Simplicidad para el Lenguaje Técnico

La simplicidad también es esencial para la comunicación técnica. Una comunicación técnica eficaz requiere simplificación. El proceso de simplificación de la comunicación permite facilitar la comprensión de los problemas, los riesgos y las dependencias de manera eficaz. La comunicación simplificada es una tarea difícil, pero podemos aplicarla a nuestras interacciones cotidianas utilizando reglas y técnicas específicas. Los líderes digitales inteligentes pueden traducir problemas complejos en mensajes claros sobre los que se puede actuar, ejecutar con simplicidad y agilidad.

Abstenerse de las frases enrevesadas y, en cambio, utilizar un lenguaje preciso y declaraciones explícitas son factores esenciales para simplificar la comunicación. Aunque los líderes digitales pueden tener un amplio vocabulario y una amplia gama de términos técnicos, en particular un conocimiento profundo de los asuntos técnicos, necesitan ser capaces de utilizar un lenguaje sencillo para transmitir su mensaje al nivel de personas no técnicas. Por ejemplo, pueden usar diferentes términos y referencias mientras hablan con un gerente, una secretaria, un ejecutivo, un vendedor y un técnico. Pueden personalizar su mensaje según sea necesario.

Si bien podemos utilizar términos comerciales avanzados para los altos ejecutivos para articular un punto, necesitamos usar términos técnicos profundos para hablar con ingenieros o especialistas técnicos. Esta conciencia, personalización y flexibilidad en la comunicación es una característica crucial de los líderes digitales.

La capacidad de atención de nuestra generación es relativamente baja debido a muchas interrupciones técnicas en nuestras vidas. Con este fin, los líderes digitales deben captar el punto rápidamente antes de perder la atención de la gente. Por ejemplo, podemos usar palabras animadas para ilustrar una situación en lugar de usar términos abstractos.

La sencillez en la comunicación escrita también es esencial. La gente no tiene mucho tiempo y cerebro para entender los detalles intrincados de un documento técnico. Los autores de las iniciativas de modernización de las empresas deben ser agudos y directos, con declaraciones claras. Las frases cortas son siempre preferibles para mejorar la legibilidad.

El principal beneficio de la simplificación de la comunicación oral y escrita es transmitir el mensaje deseado de manera eficaz en el menor tiempo posible. Es beneficioso abstenerse de utilizar jerga, palabras grandes y estructuras de frases complejas en la comunicación oral y escrita.

Ser capaz de articular una situación en los términos más simples posibles también puede aumentar la confianza de la persona objetivo cuando se trata de líderes digitales. Esta capacidad es esencial para las actividades de modernización y transformación de las empresas digitales.

También se requiere el contexto adecuado para simplificar el lenguaje. Es esencial equilibrar los aspectos cualitativos y cuantitativos a la vez que se transmite un mensaje a la audiencia. Los líderes digitales deben ser conscientes del contexto y transmitir su mensaje en el contexto adecuado. Los líderes digitales deben esforzarse por articular la propuesta de valor del negocio con las partes interesadas, en lugar de mostrar su eminencia técnica detallando detalles enrevesados.

Simplicidad de Gobernabilidad

La simplicidad de la gobernanza también es importante. Los procesos y procedimientos de gobernanza complejos y complicados pueden ser un obstáculo para las iniciativas de modernización y transformación de las empresas. Pueden causar retrasos, confusiones, reprocesos y un bajo rendimiento para los objetivos de modernización. Por lo tanto, es fundamental simplificar el marco, el proceso y los procedimientos de gobernanza de estas iniciativas.

Debemos ser conscientes de la importancia de la gobernanza y prestar especial atención al rigor necesario. No podemos comprometer los requisitos de calidad en la regulación de las soluciones tecnológicas. Sin embargo, al mismo tiempo que tenemos este rigor, también necesitamos un equilibrio para transmitir el mensaje en los términos más sencillos posibles y hacer que los procesos de gobernanza sean lo más eficaces posible.

Los líderes digitales deben mantenerse al tanto de las tendencias tecnológicas y de los desarrollos para gobernarlas con vistas a la modernización. Como parte de su función de gobernanza, deben asegurarse de que todas las prácticas tecnológicas se ajusten a las normas reglamentarias de sus sectores.

Simplicidad de Datos

La simplificación de datos es un tema ampliamente discutido en todos los entornos de modernización de TI. Una forma de simplificar los datos es limpiarlos, eliminar duplicaciones y errores. La reducción de las fuentes y volúmenes de datos cuando sea necesario también se utiliza para simplificar los procesos de gestión de datos.

Sin embargo, existe una situación paradójica que hay que señalar para los volúmenes de datos en lo que se refiere a la simplicidad de la modernización. Por ejemplo, se cree que más datos crean complejidad; sin embargo, esto no es cierto. Es justo lo contrario. Dado que tenemos más datos para alimentar los sistemas, los sistemas pueden producir una mejor salida con datos ricos.

Podemos lograr la simplicidad de los datos a través del análisis de datos adecuado, inteligencia, herramientas poderosas y estrategias de gestión eficaces. En otras palabras, cuando se analizan correcta y deliberadamente, más datos pueden añadir una mejor inteligencia para modernizar y transformar las plataformas de datos.

Tenemos que comprender la importancia de los datos para modernizar las iniciativas y utilizar las técnicas establecidas y los métodos en evolución de la ciencia de los datos. Podemos aprovechar el conocimiento de la industria y centrarnos en simplificar la recopilación de datos, los procesos, la gestión, el almacenamiento y los análisis.

Además, a efectos de modernización y transformación de la empresa, los métodos tradicionales de gestión de datos no pueden ser suficientes; por lo tanto, debemos considerar las tecnologías, procesos y herramientas de gestión de Big Data para este proceso de simplificación. Una de las tendencias simplificadas de Big Data en las iniciativas de modernización y transformación digital masiva es el uso de servicios en la nube para las soluciones de Big Data. Incluso existe un modelo específico de Big Data como servicio.

Simplicidad de Presentación

También necesitamos simplificar nuestras presentaciones para que sean más eficaces. Puede haber muchas presentaciones a diferentes partes interesadas sobre iniciativas de modernización y transformación de empresas. Los líderes digitales se presentan a múltiples grupos usando diapositivas de

PowerPoint e imágenes de Visio. Necesitamos usar estas herramientas con mucho cuidado para mantener el enfoque de la audiencia y transmitir eficazmente los mensajes críticos.

Dead from PowerPoint es una famosa declaración que representa las ineficiencias de las presentaciones utilizando un número excesivo de diapositivas. Ser breve y conciso en las presentaciones es también un método de simplificación esencial para una comunicación eficaz. Por ejemplo, podemos simplificar las presentaciones de equipo cortando detalles innecesarios e irrelevantes y usando un número conciso de diapositivas que se centran en los puntos necesarios cuando usamos una PowerPoint como herramienta.

Otra consideración crucial es centrarse en transmitir el mensaje central deseado en lugar de tratar de impresionar a la audiencia con técnicas de comunicación sofisticadas. Las discusiones interminables pueden nublar el mensaje esencial; por lo tanto, es fundamental controlar el proceso de presentación y centrarse claramente en los puntos esenciales de nuestras presentaciones.

Los líderes digitales inteligentes pueden proporcionar presentaciones simplificadas, claras y concisas sin comprometer la calidad del contenido y la eficacia del mensaje. También pueden animar a los miembros del equipo a seguir los principios de simplicidad en sus presentaciones y proporcionar retroalimentación constructiva constante para mantener esta cultura de simplicidad.

Resumen del capítulo y puntos para llevar

La simplicidad toca casi todos los ángulos de las soluciones de modernización, ya que estas soluciones pueden ser increíblemente complejas. La simplicidad, en las empresas sofisticadas, es un tema paradójico.

Paradójicamente, para crear simplicidad, uno necesita tratar con mucha complejidad, complicaciones y asuntos sofisticados.

Se espera que los líderes digitalmente inteligentes articulen los asuntos más complicados y complejos en un formato simple que sea comprensible para los demás.

Una de las formas más eficaces de simplificar el proceso es automatizar las tareas rutinarias y las pilas de tecnología repetitiva. La automatización puede ayudar a estandarizar y simplificar las tareas complicadas y repetitivas propensas a los errores humanos.

Necesitamos tener la misión de simplificar los procesos de negocio y tecnológicos y hacerlos centrados en el usuario.

El sofisticado modelo de servicios en el back office requiere un grado considerable de simplificación para que los usuarios se beneficien del uso de tecnologías complicadas.

La simplicidad y la claridad están estrechamente relacionadas. Especialmente en la industria de servicios técnicos, proporcionar una experiencia transparente a los miembros del equipo técnico puede ser muy beneficioso.

La simplicidad del diseño tiene un enorme impacto en las fases posteriores del ciclo de vida de la modernización, como la prestación de servicios y el soporte. Cuanto más sencillo sea el diseño, más eficaz puede ser el soporte de entrega y servicio.

Los diseños móviles deben centrarse en la simplicidad eliminando el desorden de las pantallas debido a la naturaleza de las vistas de pantalla pequeñas. Estos tipos de diseños deben centrarse sólo en los objetos fundamentalmente esenciales.

La modularidad y los enfoques modulares de las soluciones complejas son esenciales para la simplificación, la modernización y la transformación digital. Uno de los enfoques para los objetivos de modernización puede ser un recorrido basado en el dominio que simplifique los módulos de la infraestructura de TI, las aplicaciones, la arquitectura, el middleware, la seguridad, la red y los dominios de datos.

Las especificaciones en espiral también requieren simplificación. Durante muchos años, el tiempo y la energía invertidos en el sistema y en las especificaciones de usuario de los productos y servicios de software y hardware fueron sustanciales.

Las historias de usuarios son plantillas simples, incluyendo las funcionalidades, capacidades y especificaciones desde el punto de vista de los usuarios o consumidores.

El proceso de simplificación de la comunicación permite facilitar la comprensión de los problemas, los riesgos y las dependencias de manera eficaz.

Abstenerse de las frases enrevesadas y, en cambio, utilizar un lenguaje preciso y declaraciones explícitas son factores esenciales para simplificar la comunicación.

Si bien podemos utilizar términos comerciales avanzados para los altos ejecutivos para articular un punto, necesitamos usar términos técnicos profundos para hablar con ingenieros o especialistas técnicos. Esta conciencia, personalización y flexibilidad en la comunicación es una característica crucial de los líderes digitales.

La capacidad de atención de nuestra generación es relativamente baja debido a muchas interrupciones técnicas en nuestras vidas. Con este fin, los líderes digitales deben captar el punto rápidamente antes de perder la atención de la gente.

Al mismo tiempo que tenemos este rigor, también necesitamos un equilibrio para transmitir el mensaje en los términos más sencillos posibles y hacer que los procesos de gobernanza sean lo más eficaces posible.

Una forma de simplificar los datos es limpiarlos, eliminar duplicaciones y errores. La reducción de las fuentes y volúmenes de datos cuando sea necesario también se utiliza para simplificar los procesos de gestión de datos.

Podemos lograr la simplicidad de los datos a través del análisis de datos adecuado, inteligencia, herramientas poderosas y estrategias de gestión eficaces.

Dead from PowerPoint es una famosa declaración que representa las ineficiencias de las presentaciones utilizando un número excesivo de diapositivas.

Capítulo 8: Inteligencia Ágil

Propósito

La agilidad es otro pilar crítico en nuestro marco de inteligencia digital. Como líderes digitales, en esta era, debemos ser ágiles y pensar con los pies en la tierra. Esta agilidad puede ayudarnos a ser influyentes, creíbles, competitivos y productivos en nuestros compromisos de modernización y transformación. Nuestros equipos comerciales y clientes esperan que actuemos con agilidad.

Pensamiento Ágil

Debemos seguir preguntándonos cómo podemos hacer que nuestra huella de TI sea más intuitiva, receptiva y ágil hoy en día. Este enfoque es un requisito fundamental de nuestras iniciativas de modernización y transformación. Al tratar con la huella de TI heredada para entenderla de una manera ágil, también necesitamos tener la visión de soluciones que funcionen bien y poner nuestras energías en iniciativas iterativas de modernización y transformación a un ritmo rápido.

Es imposible emprender iniciativas digitales exitosas con métodos antiguos. A medida que esto se hizo realidad, muchas organizaciones adoptaron la agilidad y maduraron en la entrega rápida. La agilidad es una preocupación particular para la modernización y las transformaciones digitales, ya que las demandas de los consumidores están aumentando en función de los requisitos de entrega a un ritmo acelerado.

Rapidez en el Mercado

La rapidez de comercialización es uno de los requisitos fundamentales de las empresas de hoy en día. Sólo podemos generar ingresos si actuamos con rapidez. Con este fin, los enfoques ágiles se convirtieron en la nueva norma en la modernización de las empresas. Se espera que los productos sean lanzados más rápido de lo que lo fueron en el pasado. Las actualizaciones de seguridad y las correcciones de errores son más frecuentes.

La agilidad afecta a todos los aspectos de la empresa digital. Por lo tanto, necesitamos actuar, comportarnos y acercarnos con agilidad a todos los aspectos de las soluciones de modernización y transformación digital.

Promoviendo Ágilidad

Puede haber cierta resistencia a los enfoques ágiles en algunas empresas que actúan tradicionalmente. Sin embargo, promover la agilidad entre muchas partes interesadas hoy en día puede ser razonablemente fácil debido a su naturaleza y a razones convincentes.

Como aspecto positivo, la agilidad es un interés particular para las nuevas generaciones que crecen con agilidad en todos los ámbitos de la vida. Sin embargo, la generación más antigua todavía tiene un apego sentimental a los métodos de cascada.

Parece que se ha creado una zona de confort para el uso de los métodos de cascada en general. Por lo tanto, necesitamos encontrar algunas formas creativas de promover la agilidad entre los que la practican y, en particular, entre las generaciones más viejas.

Percepciones de Calidad para la Agilidad

Hay una percepción común de que los métodos ágiles acortan las cosas y por lo tanto reducen la calidad; sin embargo, esto no es cierto. Algunos proyectos ágiles aumentan la calidad debido a los enfoques iterativos y al control de calidad más frecuente en cada hito iterativo.

Debemos articular los beneficios y las razones de peso para utilizar el enfoque ágil, especialmente para las modernizaciones que conducen a las transformaciones digitales. No es factible esperar a ver el final de un gigantesco proyecto de transformación digital. Siempre hay muchas incógnitas; por lo tanto, no es posible ver el producto final sin experimentación y pruebas constantes y errores en escalas más pequeñas para la modernización.

Un enfoque ágil permite a los miembros del equipo probar sus ideas de forma iterativa. Si fracasan, fracasan de forma rápida y barata sin que las iniciativas cuesten mucho dinero. Este valor empresarial debe entenderse bien y debe integrarse en la cultura de las organizaciones que se esfuerzan por alcanzar los objetivos de transformación. Podemos ser el catalizador para transmitir el mensaje y hacer los ajustes culturales necesarios de manera efectiva.

Como líderes digitales, debemos ser motivadores e impulsar la agilidad en todas las iniciativas empresariales digitales. Como somos técnicamente capaces y estamos enfocados en el negocio, necesitamos mostrar el valor y compartir sus conocimientos y puntos de vista con los miembros del equipo y otras partes interesadas. También debemos participar activamente en scrums ágiles y proporcionar retroalimentación y apoyo continuo a los equipos de scrum.

Roles Ágiles para Líderes Digitales

Los métodos ágiles requieren múltiples roles. Los más comunes son el maestro scrum y el propietario del producto. Como líderes digitales, podemos desempeñar el papel de propietarios de productos en scrums ágiles. Como propietarios del producto, podemos establecer los criterios de aceptación del producto en el sprint de modernización asignado. Como maestro de scrum, podemos proporcionar orientación diaria sobre el desarrollo de historias de usuarios ágiles, la eliminación de atrasos, la realización de reuniones de pie y el diseño de soluciones iterativas.

Inteligencia Ágil

La inteligencia ágil para el digital requiere el desarrollo de modelos mentales rápidos sobre cómo interactúan los usuarios de tecnología con su solución en cada iteración. Para que un enfoque ágil tenga éxito, necesitamos ser capaces de eliminar los atrasos de la manera más eficiente.

Con nuestro rápido enfoque orientado a la acción, podemos eliminar los atrasos rápidamente y en orden de prioridad. Además, podemos utilizar las recompensas y reconocer el esfuerzo y las contribuciones de los mejores para eliminar los atrasos de la manera más eficaz e innovadora.

Nuestra inteligencia ágil también puede añadir valor a la arquitectura y al diseño. En muchas organizaciones, debido a razones válidas, el desarrollo de la arquitectura y los diseños crea temor para los patrocinadores. La razón principal de esto es que la arquitectura implica cosas que son difíciles de cambiar más tarde. Sin embargo, esto no significa que no podamos aplicar la agilidad a la arquitectura.

Existe una tendencia masiva a utilizar métodos ágiles para desarrollar soluciones arquitectónicas y de diseño. Para abordar el miedo a la arquitectura y al diseño, introduzco el término arquitectura pragmática en las iniciativas de modernización y transformación de ritmo acelerado. La siguiente sección explica esto.

Acercamiento Pragmático

Como líderes digitales, debemos adoptar un enfoque pragmático en el desarrollo de la arquitectura cuando participamos en programas de modernización y transformación de empresas. Sabemos que predecir el futuro es muy difícil; por lo tanto, crear un parangón inicial de la arquitectura no es práctico.

La noción de perfección equivale al fracaso en los programas de transformación de ritmo rápido. No podemos permitirnos el uso de métodos de cascadas monolíticas para desarrollar arquitecturas y diseños durante muchos meses e incluso años.

Tomar tiempos prolongados ya no es factible en esta era digital. Los consumidores esperan productos y servicios mucho más rápido que en los viejos tiempos. Nuestra rentabilidad depende de nuestra rapidez de comercialización. Por lo tanto, un enfoque pragmático de la arquitectura y el diseño es esencial, especialmente para las iniciativas digitales.

Con este fin, un enfoque iterativo de la arquitectura puede ser la inversión más eficaz en las primeras etapas de la transformación digital. Podemos ver el desarrollo de la arquitectura como el desarrollo del producto. El método iterativo puede acelerar el proceso arquitectónico y mejorar la calidad basándose en el enfoque de desarrollo de productos mínimamente viable.

Otra forma del enfoque pragmático es utilizar un solo dominio y aplicar los aprendizajes a los siguientes dominios. Este enfoque de dominio único es otro enfoque iterativo que puede ayudarnos a progresar con confianza y con un perfil de riesgo bien gestionado.

Desarrollo Ágil

Después de la arquitectura y el diseño, otro gran tema y preocupación en las iniciativas de modernización y transformación es el desarrollo de software o aplicaciones. Al utilizar métodos de cascada, el desarrollo de un producto de software utilizado lleva meses y años en el pasado. Una vez más, los consumidores ya no pueden esperar tanto tiempo. La solución es aplicar un enfoque ágil al desarrollo de software. Afortunadamente, los métodos ágiles son más adecuados para las áreas de desarrollo en las iniciativas de modernización.

Hay muchos métodos ágiles en evolución para apoyar diferentes tipos de procesos de desarrollo. Afortunadamente, muchos desarrolladores de software adoptan métodos ágiles. Pueden ver los resultados mucho más rápido. El uso de métodos en evolución como DevOps es también una consideración primordial para permitir una modernización que conduzca a transformaciones digitales sustanciales. DevOps reúne a los equipos de desarrollo de software y de operaciones de soporte de infraestructura de forma integrada.

Como líderes digitales, debemos fomentar el desarrollo rápido de aplicaciones y el despliegue de soluciones flexibles utilizando métodos ágiles adecuados en la organización. Tenemos que ser conscientes de que el rápido lanzamiento al mercado de los productos digitales es un diferenciador competitivo en estos tiempos. Las soluciones rápidas al mercado también pueden satisfacer a nuestros clientes y aumentar su confianza en nuestros productos y servicios.

Automatización y Estandarización

Los objetivos de modernización que conducen a la transformación a servicios digitales y a la rápida entrega de los productos al mercado requieren actividades sustanciales de automatización y normalización. Los métodos ágiles se centran especialmente en la automatización y la estandarización. Tanto la automatización como la estandarización permiten simplificar y acelerar los procesos.

Al entender el valor de la automatización y la estandarización para aumentar la calidad de nuestros productos y servicios, debemos animar a nuestros equipos a aprovechar estos dos factores en nuestras soluciones de transformación digital. Muchos equipos adoptarían tanto la automatización como la estandarización, ya que el valor es bastante claro y convincente.

Aplicando la automatización y estandarización a nuestros objetivos de transformación digital, podemos reducir el número de recursos necesarios para mantener las tareas manuales y tediosas. La automatización y la estandarización pueden abordar los errores humanos y resolver rápidamente los posibles errores. Las empresas que adoptan culturas ágiles no se resisten a la automatización y la estandarización; de hecho, aprovechan las capacidades para alcanzar los objetivos de modernización y transformación.

Al animar a arquitectos, diseñadores y especialistas técnicos a automatizar y estandarizar tanto como sea posible, podemos permitir que estos valiosos recursos participen en funciones de mayor valor añadido en lugar de realizar tareas repetitivas y aburridas que los ordenadores pueden realizar. Los miembros del equipo que se centran en artículos estimulantes y de alto valor también tienden a crear soluciones más innovadoras para potenciar la modernización de la empresa y el progreso de la transformación.

Silos de Ruptura

La inteligencia ágil requiere la eliminación de silos en las empresas. Lo que quiero decir con silos es que tienen departamentos y equipos aislados sin estar integrados en otros departamentos y equipos relevantes de la organización. Esta separación es indeseable y puede ser improductiva.

Se ha demostrado que los silos ralentizan todo el ciclo de vida de la empresa, incluyendo la arquitectura, el diseño, el desarrollo, el marketing y la venta de productos y servicios.

Una cultura de silos también puede afectar la calidad de los productos debido a la falta de vistas integradas. Es posible que los departamentos empresariales de los silos no sepan el progreso de los demás y causen algún tipo de duplicación o reprocesamiento de los trabajos. No pueden producir un solo producto o servicio integrado para los consumidores.

Otra implicación indeseable de tener silos es que algunos departamentos en estos entornos tradicionales en las mismas organizaciones incluso compiten entre sí. La competencia interna es el peor enemigo que puede destruir cualquier meta y objetivo de transformación digital.

Aprovechando nuestra ágil inteligencia, podemos pasar de los silos a una estructura más plana para resolver los problemas de estructuras aisladas y jerárquicas en grandes organizaciones. Aprovechando los principios ágiles, podemos prestar especial atención a la colaboración, co-ubicaciones y trabajo en equipo cara a cara en lugar de tener silos y jerarquías en nuestras organizaciones, lo que conduce a transformaciones digitales.

Como líderes digitales de orientación ágil, necesitamos continuamente ocuparnos de la cultura y modernizar las implicaciones para el ecosistema. Podemos romper silos, en lugar de venir arriba, creamos estructuras planas, resultando en equipos de autogestión colaborativa con muchos expertos en el dominio como pares.

Priorización de Atrasos

Las iniciativas de transformación digital pueden tener un enorme retraso. Hacer frente a los atrasos en la transformación puede ser un gran desafío. Sin embargo, nuestra ágil inteligencia sirve bien para eliminar los atrasos de manera eficiente. Mantener los atrasos en métodos ágiles puede ser sistémico. Como líderes digitales en scrums, podemos hacer de la gestión diaria de los atrasos, por orden de prioridad, un hábito.

Incluso si desempeñamos el papel de un maestro scrum o de un propietario de producto, como líderes digitales, necesitamos mantener a los miembros del equipo responsables de sus asuntos pendientes. Podemos ayudar al equipo a gestionar de forma eficaz los asuntos pendientes que se les han asignado.

Debido a la importancia de la priorización, como líderes digitales, debemos centrarnos continuamente en los asuntos prioritarios y tratar los asuntos pendientes en función de los pedidos prioritarios. Aprovechando este enfoque de prioridad y animando a los miembros de nuestro equipo, nuestro trabajo atrasado puede ser muy eficiente y productivo. Sabemos que la gestión de los atrasos es un factor crítico en las carreras de transformación digital.

Producto Mínimo Viable

Uno de los aspectos críticos de la inteligencia ágil es la creación de un producto mínimo viable utilizando principios ágiles. Un sprint es el tiempo de bombardeo más corto para crear el producto mínimo viable. Las expectativas de los consumidores, las limitaciones financieras, los problemas de recursos y los profesionales de las empresas tienen un impacto en el establecimiento de prioridades para eliminar los atrasos y crear productos mínimos viables para nuestros consumidores. Este principio ágil puede ayudarnos a establecer las prioridades para la creación de valor para nuestro negocio y nuestros clientes.

Lidiando con el Cambio Constante

Mandato de inteligencia ágil ante el cambio constante. La gestión del cambio es un aspecto vital de las iniciativas de modernización y transformación de las empresas. Para todo el equipo, aceptar el cambio es fundamental para tener éxito en la entrega digital ágil. La adaptación al cambio constante puede ser una característica valiosa de la inteligencia digital.

La gestión de cada historia de usuario, la eliminación de un ítem atrasado de forma oportuna y la ejecución de una carrera de velocidad es todo acerca de un cambio constante. Para hacer frente a este cambio constante se requiere flexibilidad y agilidad en el diseño, desarrollo e implementación de soluciones ágiles.

Para ello, los líderes digitales y los miembros de su equipo comprometidos en procesos ágiles y soluciones se adaptan al cambio constante. Se convierten en los agentes de cambio. Las iniciativas de modernización y transformación de las empresas necesitan sin duda una inteligencia ágil y orientada al cambio.

Falla Rápidamente, Temprano y Barato

Como seguimos resaltando, uno de los beneficios de usar un enfoque ágil viene de moverse en pequeños pasos rápidamente. En otras palabras, abordamos las soluciones en trozos más pequeños con agilidad. Los métodos ágiles permiten los principios del fail fast, fail early, fail cheaply. Estos principios son factores de éxito fundamentales para los objetivos de modernización y transformación digital.

Por supuesto, no fallamos por el bien del fracaso. A nadie le gusta fracasar, pero es beneficioso fracasar antes que después para mantener el coste del fracaso bajo y tener éxito a largo plazo utilizando las lecciones aprendidas de los fracasos más pequeños. Aprender de los fracasos y redefinir el éxito es un atributo de inteligencia ágil crucial para los líderes digitales.

A pesar de que se le llama "falla rápido", se refiere a la experimentación continua con pruebas y errores constantes que conducen a una mayor inteligencia y aprendizaje para tratar con las incógnitas de una manera rápida y efectiva. Las enseñanzas de estas experimentaciones constituyen el progreso deseado para diseñar, desarrollar e implementar soluciones complejas para los objetivos de modernización y transformación de las empresas.

Gestión Ágil de Costos

La inteligencia ágil también obliga a tomar conciencia de los costos. En los negocios, podemos considerar cada recurso y esfuerzo como un costo. A pesar de que nosotros, como líderes digitales, somos una empresa bien remunerada y rentable para nuestros salarios, ya que somos conscientes de los costes y sabemos cómo reducirlos con nuestras inteligentes decisiones, hacemos que nuestros proyectos sean rentables, generamos más ingresos y, sobre todo, los entregamos con rapidez. Nos centramos en aumentar la eficiencia y reducir los costes como parte de nuestra estrategia digital.

Agile es un enfoque centrado en los costos y en la generación de ingresos. Podemos gestionar mejor los costes y generar más ingresos adoptando principios ágiles en tareas de alto impacto y actividades de desarrollo de soluciones en soluciones de modernización y transformación. A través del progreso incremental, la gestión prioritaria de la cartera de pedidos, la entrega rápida e iterativa a través de los sprints, podemos evitar el coste del fracaso de grandes cantidades de elementos de trabajo y, lo que es más importante, podemos convertir los costes en ingresos.

Como líderes digitales ágiles, somos capaces de convertir los costes en inversión. Con una visión sólida, enfoques innovadores y capacidades de entrega ágiles, los costos incurridos por nuestras iniciativas pueden ser una inversión más que un costo. Los ejecutivos patrocinadores saben que la inversión en líderes digitales visionarios y con buen desempeño como nosotros puede generar nuevos negocios y generar ingresos sustanciales en iniciativas de modernización y transformación con nuestras contribuciones tanto a nivel táctico como estratégico.

Resumen del capítulo y puntos para llevar

La rapidez de comercialización es uno de los requisitos fundamentales de las empresas de hoy en día. Sólo podemos generar ingresos si actuamos con rapidez.

Un enfoque ágil permite a los miembros del equipo probar sus ideas de forma iterativa. Si fracasan, fracasan de forma rápida y barata sin que las iniciativas cuesten mucho dinero.

Los métodos ágiles requieren múltiples roles. Los más comunes son el maestro scrum y el propietario del producto.

La inteligencia ágil para el digital requiere el desarrollo de modelos mentales rápidos sobre cómo interactúan los usuarios de tecnología con su solución en cada iteración.

La noción de perfección equivale al fracaso en los programas de transformación de ritmo rápido.

Tomar tiempos prolongados ya no es factible en esta era digital. Los consumidores esperan productos y servicios mucho más rápido que en los viejos tiempos. Nuestra rentabilidad depende de nuestra rapidez de comercialización.

El uso de métodos en evolución como DevOps es también una consideración primordial para permitir una modernización que conduzca a transformaciones digitales sustanciales. DevOps reúne a los equipos de desarrollo de software y de operaciones de soporte de infraestructura de forma integrada.

Aplicando la automatización y estandarización a nuestros objetivos de transformación digital, podemos reducir el número de recursos necesarios para mantener las tareas manuales y tediosas.

La automatización y la estandarización pueden abordar los errores humanos y resolver rápidamente los posibles errores. Las empresas que adoptan culturas ágiles no se resisten a la automatización y la estandarización; de hecho, aprovechan las capacidades para alcanzar los objetivos de modernización y transformación.

Se ha demostrado que los silos ralentizan todo el ciclo de vida de modernización y transformación de la empresa.

Aprovechando los principios ágiles, podemos prestar especial atención a la colaboración, co-ubicaciones y trabajo en equipo cara a cara en lugar de tener silos y jerarquías en nuestras organizaciones.

Debemos centrarnos continuamente en los temas prioritarios y ocuparnos de los temas pendientes en función de los pedidos prioritarios.

Uno de los aspectos críticos de la inteligencia ágil es la creación de un producto mínimo viable utilizando principios ágiles.

La gestión de cada historia de usuario, la eliminación de un ítem atrasado de forma oportuna y la ejecución de una carrera de velocidad es todo acerca de un cambio constante.

Los métodos ágiles permiten los principios del fail fast, fail early, fail cheaply. Estos principios son factores de éxito fundamentales para los objetivos de modernización y transformación digital.

Agile es un enfoque centrado en los costos y en la generación de ingresos. Como líderes digitales ágiles, somos capaces de convertir los costes en inversión.

Capítulo 9: Inteligencia Colaborativa

Propósito

Como líderes digitales, sin duda necesitamos aprovechar la inteligencia colaborativa. Es inevitable. En esta sección, cubrimos la importancia de los términos útiles fusión y colaboración desde el punto de vista de la productividad en la empresa modernizadora y transformadora. Entendamos el significado de la colaboración en nuestro contexto deseado.

Significado de la Colaboración

Sabemos que el término colaboración está sobreutilizado y pierde su significado, especialmente con la aparición de las tecnologías de Internet. La gente sigue diciendo herramientas de colaboración o colaboración, especialmente en un contexto de medios sociales.

En su verdadero significado, la colaboración se refiere a un equipo de personas que trabajan juntas para lograr objetivos comunes y lograr resultados exitosos y sinérgicos. El equipo, los objetivos mutuos y los resultados sinérgicos son entidades esenciales de este sencillo marco. Nuestro enfoque está, por supuesto, en el aspecto laboral de la colaboración más que en el entretenimiento o los pasatiempos.

La colaboración puede tener lugar en diferentes modos y formatos. Un ejemplo son dos o más personas que comparten ideas para un plan de proyecto. En un nivel básico, la gente también puede colaborar escribiendo usando varias herramientas de documentación como Box, Google Docs o la versión de red de los productos de Microsoft Office. También hay herramientas emergentes que se utilizan principalmente en entornos móviles. Estas herramientas de movilidad están muy extendidas en los métodos ágiles. Para dar una idea, algunas de estas herramientas son Slack, Trello, Twitter, Facebook Messenger, y muchas más.

La mayoría de nosotros presentamos las herramientas de los medios sociales como prácticas, útiles y altamente valiosas para fines de colaboración. Sin embargo, cuando examinamos cuidadosamente estas herramientas, podemos ver que son más herramientas de intercambio de información que herramientas de colaboración reales. Desde mi experiencia, las herramientas de colaboración más productivas e impactantes son las reuniones cara a cara, el teléfono y las videoconferencias.

La colaboración es un tipo de inteligencia esencial para que los líderes digitales puedan crear resultados sobresalientes utilizando la sinergia. Como líderes digitales, colaboramos amplia y productivamente. También motivamos a los miembros de nuestro equipo para que colaboren de manera efectiva y eficiente, señalando los objetivos comunes y haciéndolos convincentes para la colaboración. Ahora hablemos de la fusión.

Fusión

Podemos considerar la fusión como una inteligencia capacitadora para los líderes digitales. El término fusión se refiere a unir cosas diferentes con atributos o funciones diferentes para crear una sola entidad o forma nueva. La noción de fusión se relaciona con conceptos como integración, mezcla, fusión, amalgamación, sinergia y vinculación.

La fusión está estrechamente relacionada con la colaboración desde varios ángulos. Fusion es un tipo de colaboración diseñada para misiones específicas y avanzadas. Los principios de fusión se adaptan a los objetivos del progreso digital en una empresa.

Los principios de la fusión tienen por objeto reunir a personas de diversos orígenes, pequeños grupos con diferentes propósitos, diversos equipos con diferentes capacidades, comunidades de prácticas con diferentes misiones bajo un mismo paraguas para servir a una misión conjunta.

Fusion es el tipo de colaboración más avanzado y eficaz que se requiere especialmente para iniciativas de modernización complejas y complicadas con objetivos y enfoque de mercado únicos. Crear una colaboración basada en la fusión puede ser un gran desafío. Como líderes digitales, con amplias habilidades y experiencias técnicas y humanas, podemos crear una colaboración basada en la fusión.

La fusión también puede referirse a la integración de sistemas, herramientas y procesos antiguos y a la creación de nuevos sistemas. Este enfoque transformador es un factor crítico para los objetivos de modernización y transformación de las empresas. Desde una perspectiva de concienciación, necesitamos entender la importancia de los principios de la fusión y aplicarlos para ayudar a nuestras organizaciones a modernizar la empresa de forma eficaz.

Hay diferentes maneras de hacer posible la fusión en una organización. Como líderes digitales, normalmente asumimos la responsabilidad de iniciar la fusión en nuestros equipos inmediatos y extendidos.

Debemos ser apasionados en lograr nuestros objetivos digitales utilizando los principios de la fusión. No esperamos a que la fusión ocurra por sí sola. Sabemos que nada puede suceder por sí solo. Naturalmente, alguien con liderazgo y habilidades arquitectónicas debe iniciarlo. Este enfoque orientado a la acción en la fusión es una de las características sobresalientes de los líderes estratégicos, que son típicamente gente extrovertida.

Una vez que iniciamos la fusión e invitamos a nuestros colaboradores a actividades estructuradas, entonces el proceso se mantiene con las reglas necesarias de comunicación y compromiso. La comunicación efectiva es un factor crítico para lograr los objetivos de la fusión. Dependiendo del medio, tanto la comunicación verbal como la escrita son esenciales para que se produzca la fusión.

La fusión para equipos co-ubicados se lleva a cabo normalmente cara a cara y puede ser principalmente dinámica en la entrega. Sin embargo, los equipos geográficamente distantes suelen utilizar videoconferencia, teléfono, programas de chat, correo electrónico o algunas herramientas de colaboración ágiles.

En los equipos remotos, la comunicación escrita es fundamental. Las comunicaciones escritas pueden crear algunos desafíos, como por ejemplo, un escrito descuidado puede causar alguna ofensa y matar el espíritu de colaboración. Por ello, como líderes digitales, jugamos un papel esencial en facilitar este tipo de comunicación moderando delicadamente los canales de comunicación.

Después de iniciar y posibilitar los objetivos de la fusión, necesitamos mantener los resultados deseados. Podemos crear el proceso y los procedimientos necesarios para mantener las actividades de colaboración. El uso efectivo de nuestras habilidades de liderazgo estratégico es obligatorio para lograr los objetivos de fusión en las iniciativas de modernización y transformación.

Aunque establecimos el equipo inicial y los procesos para apoyar las actividades del equipo, también es responsabilidad de los demás miembros del equipo contribuir a los objetivos establecidos en nuestros planes de colaboración. Con este fin, como líderes digitales, también asumimos el papel de motivadores para mantener al equipo inspirado mostrando su visión impactante y sus metas estratégicas.

Al centrarnos en la fusión productiva a varios niveles, aprovechamos los conocimientos de equipos multifuncionales y de la comunidad de prácticas para crear propuestas de valor diferenciadas para los objetivos de modernización.

Al realizar muchas tareas para iniciar y mantener la fusión, seguimos repitiendo estas actividades varias veces con múltiples equipos e integramos estos equipos para agregar una colaboración más intensiva. La magia de la fusión comienza con estas repeticiones. Las repeticiones exitosas producen efectos de onda para un mayor éxito. En un plazo relativamente corto, estos equipos pueden crear una cultura de colaboración basada en principios de fusión alineados con el ecosistema y los objetivos estratégicos de la organización.

Esta cultura de colaboración en el trabajo puede ser invaluable. Cuando la cultura de la colaboración comienza a florecer utilizando la colaboración basada en la fusión, un fenómeno deseable llamado innovación ocurre naturalmente. La colaboración y la innovación son procesos estrechamente vinculados, como hemos mencionado en los capítulos anteriores. Ahora, hablemos de la diversidad dentro del contexto de la colaboración y la fusión.

Diversidad

El poder de personas conectadas de diversos orígenes para el mismo objetivo genera nuevas ideas y percepciones. Algunas de estas ideas e ideas pueden tocar a las personas desde diferentes ángulos y motivarlas aún más para que asuman más responsabilidades en este ecosistema en transformación.

Con la puesta en marcha del liderazgo técnico estratégico inicial, este cambio provoca la aparición de nuevos líderes técnicos en la modernización de las empresas. La innovación genera una cultura de colaboración y puede ser muy deseable para la creación de nuevos negocios y el crecimiento de empresas ya establecidas mediante la modernización de la empresa que conduzca a los objetivos de transformación digital deseados. La innovación es uno de los resultados emocionantes de una cultura de colaboración con diversidad, inclusión e implementación del enfoque de fusión.

Este aspecto mágico de la fusión y la colaboración que conduce a la innovación es una situación ideal para transformar la empresa. Como líderes digitales, debemos aprovechar esta situación deseable creando, manteniendo, facilitando y mejorando aún más las situaciones.

Influencia de la Colaboración

La inteligencia digital nos ayuda a influir en los miembros de nuestro equipo para que colaboren más eficazmente. La influencia es un atributo esencial del liderazgo estratégico. Es especialmente importante crear una cultura de colaboración en la transformación y modernización de los entornos. Como líderes digitales, influenciamos a nuestros colaboradores demostrando responsabilidad, rendición de cuentas y credibilidad.

Credibilidad

La credibilidad en entornos dinámicos puede ser crítica. En otras palabras, como líderes digitales responsables de la transformación de los entornos, debemos ser creíbles. Promover el cambio en este entorno dinámico y obtener la aceptación de otras personas para transformarse requiere credibilidad.

Como líderes digitales, podemos ganarnos la confianza de nuestros colaboradores con credibilidad e integridad. Nuestra visión, estrategia, conocimiento, habilidades y acciones tienen un impacto en nuestra credibilidad. Nuestros objetivos y los de nuestras organizaciones deben alinearse con estos atributos críticos.

La coherencia y la previsibilidad de nuestro comportamiento son factores críticos para la credibilidad. Para sobrevivir, prosperar y tener éxito en nuestros objetivos, debemos prestar especial atención a permanecer creíbles en todo momento en nuestros campos.

Confianza y Compromiso Colaborativo

Cuando establecemos la confianza, ocurre otra magia. La gente empieza a compartir su verdadero yo. Se vuelven más productivos y más creativos. Una cultura de colaboración es un factor de empoderamiento y de modernización de las empresas.

La inteligencia digital requiere que personas de diversos orígenes participen en actividades de colaboración. Permitir la diversidad es un factor crítico en la creación de equipos de colaboración y culturas inclusivas. La diversidad es fundamental para los objetivos de modernización y transformación debido a la creatividad e innovación que requieren personas de diferentes orígenes, competencias y experiencias.

Podemos establecer la diversidad con confianza. Tengamos en cuenta que sólo con confianza y entornos de confianza, las personas pueden mostrar su verdadera identidad. Cuando la gente comienza a mostrar su verdadero yo, una cultura diversa comienza a florecer. La diversidad es un potenciador de la colaboración y la fusión.

Y lo que es más importante, con la diversidad, también se produce la innovación. Podemos notarlo más fuerte y más rápido. Diversas ideas encienden y aceleran la innovación. Con este enfoque, podemos crear nuevas opciones y opciones. Conectar esas elecciones y opciones también tiene un efecto dominó en la cultura. Con este entendimiento, podemos concluir que la diversidad basada en la confianza puede ser un valioso contribuyente a los programas de modernización.

Resumen del capítulo y puntos para llevar

En su verdadero significado, la colaboración se refiere a un equipo de personas que trabajan juntas para lograr objetivos comunes y lograr resultados exitosos y sinérgicos.

El término fusión se refiere a unir cosas diferentes con atributos o funciones diferentes para crear una sola entidad o forma nueva. La noción de fusión se relaciona con conceptos como integración, mezcla, fusión, amalgamación, sinergia y vinculación.

Fusion es el tipo de colaboración más avanzado y eficaz que se requiere especialmente para iniciativas de modernización complejas y complicadas con objetivos y enfoque de mercado únicos. Crear una colaboración basada en la fusión puede ser un gran desafío.

La comunicación efectiva es un factor crítico para lograr los objetivos de la fusión. Dependiendo del medio, tanto la comunicación verbal como la escrita son esenciales para que se produzca la fusión.

El poder de personas conectadas de diversos orígenes para el mismo objetivo genera nuevas ideas y percepciones. Algunas de estas ideas e ideas pueden tocar a las personas desde diferentes ángulos y motivarlas aún más para que asuman más responsabilidades en este ecosistema en transformación.

Este aspecto mágico de la fusión y la colaboración que conduce a la innovación es una situación ideal para transformar la empresa.

Como líderes digitales, influenciamos a nuestros colaboradores demostrando responsabilidad, rendición de cuentas y credibilidad.

Podemos ganarnos la confianza de nuestros colaboradores con credibilidad e integridad.

La coherencia y la previsibilidad de nuestro comportamiento son factores críticos para la credibilidad.

Podemos establecer la diversidad con confianza. Cuando la gente comienza a mostrar su verdadero yo, una cultura diversa comienza a florecer. La diversidad es un potenciador de la colaboración y la fusión.

Capítulo 10: Inteligencia Tecnológica

Propósito

En esta sección, cubrimos las tecnologías más destacadas y las presentamos brevemente, destacando su importancia para los objetivos de modernización y transformación digital. En lugar de ahondar en los detalles y proporcionar una lista exhaustiva, nos centramos únicamente en las tecnologías fundamentales que pueden marcar una diferencia real. Hablemos de las tecnologías críticas y las habilidades técnicas que los líderes digitales necesitan poseer para liderar iniciativas de modernización y transformación exitosas.

La inteligencia tecnológica es un atributo obligatorio para los líderes digitales. Debemos estar al día con las tecnologías digitales y poseer una amplia gama de conocimientos y habilidades técnicas vitales. Hay muchas tecnologías crecientes y emergentes que necesitamos conocer. Como líderes digitales, debemos centrarnos en el uso de las tecnologías emergentes como facilitadores de los objetivos de modernización y transformación de las empresas.

Tecnologías Habilitantes

Las principales tecnologías que permiten alcanzar los objetivos de modernización y transformación de las empresas son el Cloud Computing, las tecnologías móviles, el IO, los grandes datos y el análisis de datos. Una visión integrada de estas tecnologías, los procesos asociados y las herramientas son fundamentales para el éxito de nuestros esfuerzos digitales. Además, debemos centrarnos en la evaluación comparativa de los productos y servicios tecnológicos, ya que son elementos esenciales para facilitar las transformaciones digitales.

Nube

Hoy en día, la tecnología más utilizada en la transformación de empresas es el Cloud Computing. La nube se ha convertido en algo habitual en muchas organizaciones. La adaptación de Cloud se hizo muy rápida. Podemos utilizar la nube como una herramienta fundamental para la modernización y transformación de la empresa.

El atributo más significativo de la nube es que el modelo de servicios en la nube puede ampliar o reducir los recursos informáticos en función de los requisitos del servicio. Por ejemplo, la nube puede proporcionar los máximos recursos cuando necesitamos una gran cantidad de potencia de computación, capacidad de almacenamiento o ancho de banda de red para una carga de trabajo específica en un periodo de tiempo determinado. Entonces podemos liberar estos recursos después de completar nuestra misión específica para estas cargas de trabajo. Esta elasticidad y escalabilidad de la nube puede proporcionar una posición de valor para las transformaciones digitales.

Pagar por uso' o `pagar por uso' es otra característica esencial que el modelo de servicios cloud proporciona.

Los recursos pueden consumirse en función de la cantidad de uso. El uso puede ser a corto o largo plazo. Por ejemplo, los consumidores pueden pagar en función de la potencia de cálculo o de la cantidad de almacenamiento que hayan utilizado. Otra característica del modelo de servicios en la nube está relacionada con el "pago por uso", el uso de "bajo demanda". Los consumidores pueden utilizarlo cuando demandan los servicios requeridos sin necesidad de realizar un pago por adelantado o una inversión dedicada a los recursos de TI de su organización.

La reciente tendencia comercial a utilizar máquinas virtuales en servicios cloud disponibles públicamente se basa en tres tipos de instancias, como la instancia bajo demanda, la instancia reservada y la instancia spot. En el caso de la demanda, no existe un compromiso a largo plazo. La instancia reservada es un plazo relativamente más largo con un descuento sustancial en comparación con el uso bajo demanda. Por ejemplo, en el caso de la promoción común de varios proveedores de servicios, el precio se acuerda sobre la base de una licitación.

La nube ofrece resistencia a la infraestructura, las aplicaciones y los servicios. Los fallos del sistema, como servidores o unidades de almacenamiento, se pueden aislar automáticamente con instrucciones predefinidas, y las cargas de trabajo se migran a unidades virtuales redundantes sin interrumpir los niveles de servicio o el uso de los consumidores. El atributo de resiliencia de la nube elimina muchas de nuestras preocupaciones de soporte en los requisitos de nuestras soluciones.

En función de las necesidades de los consumidores, los recursos de la nube pueden ser virtuales o físicos. Esta flexibilidad se debe a la característica de multiarrendamiento del modelo de servicio Cloud. Por ejemplo, un proveedor de servicios cloud puede alojar múltiples cargas de trabajo de usuarios en la misma infraestructura sin afectar negativamente a su privacidad y seguridad. Si existen requisitos de alta seguridad, como servicios gubernamentales sensibles, el aislamiento puede ser físico. Debemos considerar las restricciones y limitaciones que pueden afectar al uso de los servicios virtuales en el modo multi-tenancy.

El movimiento flexible de las cargas de trabajo es otro atributo crucial del modelo de servicios cloud. Puede haber ocasiones en que una organización necesite ejecutar sus cargas de trabajo en una zona horaria diferente, y las cargas de trabajo pueden trasladarse fácilmente a un centro de datos de otro país. Este requisito puede deberse a varias razones, como la reducción de costes, la prestación de un mejor servicio a un grupo destinatario en un lugar diferente o incluso a requisitos reglamentarios. Presentemos la siguiente tecnología importante, que está proliferando.

IO

Después de Cloud, otra tecnología emergente es la IO (Internet de los objetos). Como líderes digitales, necesitamos entender esta tecnología vital. Se han realizado progresos sustanciales en muchas disciplinas gracias al uso de la IO en la creación de nuevos servicios y productos. Algunas de estas disciplinas incluyen la vigilancia del medio ambiente, la fabricación, la gestión de infraestructuras, la gestión de la energía, la agricultura, la sanidad, el transporte, la informática, la electrónica, las ciencias de los materiales y la banca.

En el mercado, se observa que están surgiendo tecnologías de IO y que las soluciones de IO están creciendo exponencialmente. Algunas organizaciones estiman que en los próximos años habrá miles de millones de dispositivos para conectarse al ecosistema global de la IO. El resultado final es que la IO es valiosa tanto para las empresas como para la economía, lo que es inevitable. A partir de nuestra experiencia actual, podemos interpretar que la IO puede tener un impacto sustancial en nuestra economía y en la forma de hacer negocios y comercio.

Los consumidores y proveedores de servicios tienen un interés increíble y se centran en esta fantástica tecnología impulsada por Internet. La generación de nuevos negocios para las empresas y nuevos puestos de trabajo que ni siquiera podemos nombrar es inminente. Algunos creen que la IO puede ser tan importante como la aparición de la propia Internet. Algunos incluso señalan que puede ser la próxima gran cosa en nuestras vidas. Se trata, por supuesto, de especulaciones, combinadas con cierto alboroto mediático; sin embargo, el tiempo puede decir si se han de satisfacer las grandes expectativas de la IO. Como líderes digitales, debemos comprender las ofertas de la IO y poseer una amplia gama de conocimientos y competencias en la IO, ya que la IO es uno de los principales facilitadores de las iniciativas de modernización y transformación digital para crear nuevas fuentes de ingresos.

Grandes datos y análisis

Además de la IO, los grandes datos y los análisis son tecnologías y procesos vitales que debemos comprender. No sólo entendemos, sino que también debemos utilizarlos para crear ideas y ventajas competitivas para nuestras organizaciones.

Es importante notar que aunque arquitectónicamente es similar a los datos tradicionales, Big Data requiere métodos y herramientas más nuevos para tratar con los datos. Los métodos y herramientas tradicionales no son adecuados para procesar grandes datos.

El proceso Big Data se refiere a la captura de una cantidad sustancial de datos de múltiples fuentes, almacenando el análisis, la búsqueda, la transferencia, el intercambio, la actualización, la visualización y el control de grandes volúmenes de datos, como petabytes o incluso exabytes.

Curiosamente, la principal preocupación u objetivo de Big Data no es la cantidad de datos, sino las técnicas analíticas más avanzadas para producir valor a partir de estos grandes volúmenes de datos. La analítica avanzada en este contexto se refiere a enfoques tales como la analítica descriptiva, predictiva, prescriptiva y diagnóstica.

Necesitamos entender el tipo de análisis y cuándo utilizarlos para qué tipo de soluciones. La analítica descriptiva se ocupa de situaciones como lo que está sucediendo ahora mismo en base a los datos entrantes. El análisis predictivo se refiere a lo que podría suceder en el futuro. La analítica prescriptiva trata de las acciones a tomar. La analítica diagnóstica plantea la pregunta de por qué sucedió algo. Cada tipo de análisis sirve para diferentes escenarios y casos de uso.

Big Data Analytics es una disciplina integral impulsada por la empresa. A un alto nivel, su objetivo es tomar decisiones comerciales rápidas, reducir el costo de un producto o servicio y probar nuevos mercados para crear nuevos productos y servicios. Hoy en día, todos los sectores utilizan la analítica de Big Data. Por ejemplo, el cuidado de la salud, las ciencias de la vida, la fabricación, el gobierno y el comercio minorista están utilizando ampliamente Big Data y Analytics.

Necesitamos nuevos métodos y herramientas para realizar análisis de Big Data. Hay métodos emergentes y muchas herramientas disponibles en el mercado. La mayoría de los métodos son patentados, pero algunos están disponibles a través de programas de código abierto. Algunas herramientas populares que se mencionan con frecuencia en las publicaciones de Big Data Analytics son Aqua Data Studio, Azure HDinsight, IBM SPSS Modeler, Skytree, Talend, Splice Machine, Plotly, Lumify, Elasticsearch.

Además, el software libre ha progresado bien en esta área y ha producido múltiples y potentes herramientas. Algunas de las herramientas de análisis de código abierto más utilizadas son Apache Hadoop, Apache Spark, Apache Storm, Apache Cassandra, Apache SAMOA, Neo4j, MongoDB y el entorno de programación R. Estas herramientas están fuera de nuestro alcance, pero es útil para crear conciencia, ya que se utilizan ampliamente en la transformación digital.

La analítica de Big Data es un área amplia y en crecimiento. Podemos entender mejor la analítica de datos de Big Data en cuanto a sus características inherentes. Podemos resumir estas características utilizando los siguientes términos: conexión, conversión, cognición, configuración, contenido, personalización, nube, cibernética y comunidad.

Como estos términos se explican por sí mismos, no necesitamos entrar en detalles para explicarlos aquí. También necesitamos familiarizarnos con los métodos y técnicas de análisis de Big Data. Algunos de estos métodos y técnicas son el procesamiento del lenguaje natural, la minería de datos, la minería de patrones de asociación, la analítica conductual, la analítica predictiva, la analítica descriptiva, la analítica prescriptiva, la analítica diagnóstica y el aprendizaje automático.

El aprendizaje automático es una disciplina de moda. Es ampliamente adoptado. El aprendizaje automático se refiere a los sistemas informáticos para aprender y mejorar sobre la base de su aprendizaje a partir del análisis de grandes volúmenes de conjuntos de datos sin necesidad de programación. Es parte del dominio de la inteligencia artificial en la informática. Debido a su utilidad e impacto, el aprendizaje automático se convirtió en una tecnología y herramienta vital para las estrategias de modernización de las empresas que conducen a la transformación digital.

En relación con el aprendizaje automático, también necesitamos entender el manejo de datos no estructurados, en particular el análisis de texto. El análisis de textos incluye el aprendizaje automático, la lingüística computacional y el análisis estadístico tradicional. El análisis de texto se centra en la conversión de volúmenes masivos de una máquina o texto generado por el hombre en estructuras significativas para crear perspectivas de negocio y apoyar la toma de decisiones.

Hay varias técnicas de análisis de texto que necesitamos familiarizarnos. Por ejemplo, la extracción de información es una de las técnicas de análisis de textos que extrae datos estructurados de textos no estructurados.

La integración de textos es otra técnica de procesamiento de datos no estructurada ampliamente utilizada que puede crear automáticamente un resumen condensado de un documento o de grupos de documentos seleccionados. Podemos utilizar la técnica de resumen de texto, especialmente para blogs, noticias, documentos de productos y artículos científicos.

El Procesamiento del Lenguaje Natural (PNL) es otra sofisticada técnica de análisis de texto interconectada como pregunta y respuesta en lenguaje natural. La PNL se utiliza comúnmente en varios productos comerciales como Siri de Apple, Watson de IBM y Alexa de Amazon.

Ciberseguridad

Además de la analítica, la seguridad es el siguiente conocimiento y habilidad crítica que debemos poseer. La seguridad particular que llamamos ciberseguridad es aún más crítica. La ciberseguridad afecta a todos los aspectos de las iniciativas de modernización y transformación de las empresas. La ciberseguridad es un vasto dominio de seguridad que cubre todos los aspectos de la gestión de la seguridad, como la gestión de identidades y accesos, la autenticación, la autorización, el cifrado y muchas otras áreas. La aplicación de la ciberseguridad es un factor crítico para asegurar las soluciones de modernización y transformación digital.

El cloud computing, la IO y los grandes datos también exigen la ciberseguridad a todos los niveles. Una mayor concienciación en materia de seguridad y las competencias asociadas son esenciales para las iniciativas digitales.

En relación con la seguridad avanzada, Blockchain, que es una tecnología relativamente nueva, se está convirtiendo en un elemento crítico para los nuevos requisitos de seguridad que podrían facilitar los objetivos de modernización.

Red de Trabajo

Como líderes digitales, nos ocupamos de la red todo el tiempo. Las soluciones de modernización y transformación de empresas afectan a todos los aspectos de las redes, como las de área extensa, área local, inalámbricas y muchos otros tipos de redes. Las redes son habilitadoras de Cloud, IoT, Blockchain y análisis de Big Data.

Dado que la red y las tecnologías de comunicación asociadas son los facilitadores fundamentales de los objetivos de modernización de las empresas, la comprensión de las funciones de las implicaciones de la red y de la red, tales como la seguridad, la latencia y el ancho de banda, son también temas importantes que los líderes tecnológicos deben cubrir de forma amplia y en profundidad en función de su participación.

Movilidad

La movilidad es un dominio tecnológico interrelacionado crítico en las organizaciones que se mueven hacia las soluciones móviles, por lo que necesitamos entender y educar a nuestros equipos para el uso efectivo de la movilidad en innovaciones que lleven a la comprensión del negocio y a la colaboración en toda la organización, incluyendo a los clientes y socios.

También necesitamos entender el dominio de Enterprise Mobile Management. Este dominio incluye componentes esenciales como la gestión de dispositivos, la gestión de aplicaciones, la gestión de contenidos, la gestión del correo electrónico y la gestión unificada de endpoints.

La movilidad está asociada a varias consideraciones arquitectónicas y empresariales, como el acceso a la red, el cumplimiento, la gestión de datos, la demografía del lugar de trabajo, la responsabilidad del usuario final y los conceptos BYOD (Bring Your Own Devices).

Gestión de Servicios de TI

La gestión de servicios de TI es inevitable para las empresas en transformación. La gestión de servicios de TI cubre una amplia gama de tecnología, procesos y herramientas. La gestión de servicios de TI incluye procesos como la gestión del cambio, la gestión de problemas, la gestión de incidentes, la gestión del nivel de servicio, la gestión de la capacidad, la gestión de la disponibilidad, la gestión de la continuidad del negocio y la gestión de la seguridad.

Además, los procesos de gestión de sistemas, como la supervisión, las alertas y la gestión de eventos, pueden cubrirse bajo el término genérico de gestión de servicios de TI. Estos procesos se gestionan utilizando muchas herramientas tecnológicas. Y lo que es más importante, estas herramientas deben diseñarse, integrarse, diseñarse e implementarse de forma coherente para alcanzar los objetivos de transformación digital de la empresa.

Comprender la dinámica de estas herramientas en el contexto de las iniciativas de modernización es vital para obtener resultados satisfactorios. Una de las mejores representaciones del modelo de servicios de TI se implementa utilizando la popular ITIL (Information Technology Infrastructure Library). El conocimiento de ITIL puede ser útil para comunicar nuestras necesidades de gestión de servicios a las partes interesadas más amplias de la empresa.

Resumen del capítulo y puntos para llevar

Las principales tecnologías que permiten alcanzar los objetivos de modernización y transformación de las empresas son el Cloud Computing, las tecnologías móviles, el IO, los grandes datos y el análisis de datos.

El atributo más significativo de la nube es que el modelo de servicios en la nube puede ampliar o reducir los recursos informáticos en función de los requisitos del servicio.

El movimiento flexible de las cargas de trabajo es otro atributo crucial del modelo de servicios cloud. Puede haber ocasiones en que una organización necesite ejecutar sus cargas de trabajo en una zona horaria diferente, y las cargas de trabajo pueden trasladarse fácilmente a un centro de datos de otro país.

En el mercado, se observa que están surgiendo tecnologías de IO y que las soluciones de IO están creciendo exponencialmente.

Los consumidores y los proveedores de servicios tienen un interés increíble y se centran en la IO impulsada por Internet.

Big Data y Analytics son tecnologías y procesos vitales que necesitamos entender.

El proceso Big Data se refiere a la captura de una cantidad sustancial de datos de múltiples fuentes, almacenando el análisis, la búsqueda, la transferencia, el intercambio, la actualización, la visualización y el control de grandes volúmenes de datos, como petabytes o incluso exabytes.

La analítica de Big Data es un área amplia y en crecimiento. Podemos entender mejor la analítica de datos de Big Data en cuanto a sus características inherentes. Son conexión, conversión, cognición, configuración, contenido, personalización, nube, cibernética y comunidad.

El aprendizaje automático es una disciplina de moda. Es ampliamente adoptado. El aprendizaje automático se refiere a los sistemas informáticos para aprender y mejorar sobre la base de su aprendizaje a partir del análisis de grandes volúmenes de conjuntos de datos sin necesidad de programación.

El análisis de textos incluye el aprendizaje automático, la lingüística computacional y el análisis estadístico tradicional. El análisis de texto se centra en la conversión de volúmenes masivos de una máquina o texto generado por el hombre en estructuras significativas para crear perspectivas de negocio y apoyar la toma de decisiones.

La PNL se utiliza comúnmente en varios productos comerciales como Siri de Apple, Watson de IBM y Alexa de Amazon.

La ciberseguridad es un vasto dominio de seguridad que cubre todos los aspectos de la gestión de la seguridad, como la gestión de identidades y accesos, la autenticación, la autorización, el cifrado y muchas otras áreas.

Dado que la red y las tecnologías de comunicación asociadas son los facilitadores fundamentales de los objetivos de modernización de la empresa, la comprensión de las funciones de las implicaciones de la red y de la red, como la seguridad, la latencia y el ancho de banda, también son temas importantes.

La movilidad está asociada a varias consideraciones arquitectónicas y empresariales, como el acceso a la red, el cumplimiento, la gestión de datos, la demografía del lugar de trabajo, la responsabilidad del usuario final y los conceptos BYOD.

La gestión de servicios de TI incluye procesos como cambio, problema, incidente, nivel de servicio, capacidad, disponibilidad, continuidad del negocio y gestión de la seguridad.

El conocimiento de ITIL puede ser útil para comunicar nuestras necesidades de gestión de servicios a las partes interesadas más amplias de la empresa.

Capítulo 11: Inteligencia de Datos

Propósito

Los datos son el activo más valioso de la inteligencia empresarial. Los datos guían y conducen a la inteligencia de negocios. Un hecho significativo es que los datos, especialmente los grandes, son omnipresentes en todas las empresas. Cada empresa genera grandes cantidades de datos. Como líderes digitales, los datos son nuestro pan de cada día; por lo tanto, necesitamos entender cada aspecto de ellos en su ciclo de vida. Empecemos con Big Data.

Grandes Datos

Los datos grandes son diferentes de los datos tradicionales. Las principales diferencias provienen de características como el volumen, la velocidad, la variedad, la veracidad, el valor y la complejidad general de los conjuntos de datos en un ecosistema de datos.

El volumen se refiere al tamaño o cantidad de conjuntos de datos. Podemos medirlos en terabytes, petabytes o exabytes. No hay definiciones específicas para determinar el umbral de los grandes volúmenes de datos. Irónicamente, aunque se llama Big Data, y es un significante, el volumen no es la característica principal de los Big Data en lo que se refiere a la arquitectura, el diseño y los despliegues.

La velocidad se refiere a la velocidad de producción de datos. Las grandes fuentes de datos generan flujos de datos de alta velocidad procedentes de dispositivos en tiempo real como teléfonos móviles, medios sociales, sensores IoT, gateways de borde IoT y almacenes de datos Cloud. La velocidad es un factor esencial en todas las fases de la arquitectura de Big Data y en las consideraciones de gestión.

La variedad se refiere a múltiples fuentes de datos. Las fuentes de datos incluyen datos transaccionales estructurados, semiestructurados como sitios web o registros de sistema, y datos no estructurados como vídeo, audio, animación e imágenes. La variedad es también un factor importante para la arquitectura de Big Data y las consideraciones de gestión.

Veracidad significa la calidad de los datos. Dado que el volumen y la velocidad son enormes en Big Data, la veracidad es un gran desafío. Es esencial tener una salida de calidad para que los datos tengan sentido para la comprensión del negocio. La veracidad también está relacionada con el valor.

El valor es el propósito principal de Big Data para crear nuevos conocimientos y obtener valor comercial de Big Data. Podemos crear valor con enfoques innovadores y creativos adoptados por todas las partes interesadas en una solución de Big Data.

La complejidad general de Big Data se refiere a más atributos de datos y a la dificultad para extraer el valor deseado debido al gran volumen, la gran variedad, la enorme velocidad y la veracidad requerida para el valor deseado.

Más Sobre Grandes Datos

A pesar de ser arquitectónicamente similar a los datos tradicionales, Big Data requiere nuevos métodos y herramientas para manejar los datos. Los métodos y herramientas tradicionales no son adecuados para procesar Big Data. El proceso consiste en capturar una cantidad sustancial de datos de múltiples fuentes, almacenar, analizar, buscar, transferir, compartir, actualizar, visualizar y gobernar grandes volúmenes de datos en la magnitud de petabytes o incluso exabytes.

La principal preocupación u objetivo de Big Data no es la cantidad de datos, sino las técnicas analíticas más avanzadas para producir valor a partir de estos grandes volúmenes de datos. La analítica avanzada en este contexto se refiere a enfoques tales como la analítica descriptiva, predictiva, prescriptiva y diagnóstica.

La analítica descriptiva se ocupa de situaciones como lo que está sucediendo ahora mismo en base a los datos entrantes. El análisis predictivo se refiere a lo que podría suceder en el futuro. La analítica prescriptiva trata de las acciones a tomar. La analítica diagnóstica plantea la pregunta de por qué sucedió algo. Cada tipo de análisis sirve para diferentes escenarios y casos de uso. Ahora, pasemos al ciclo de vida de la gestión de datos.

Ciclo de Vida de la Gestión de Datos

Para las iniciativas de modernización y transformación empresarial, necesitamos considerar a Big Data como un actor crítico en el ecosistema. Por lo tanto, los líderes digitales necesitan entender el ciclo de vida de Big Data para los programas de modernización y transformación. Nuestros roles y responsabilidades pueden diferir en diferentes etapas del ciclo de vida; sin embargo, necesitamos estar en la cima de la gestión del ciclo de vida, especialmente desde la perspectiva de la gobernanza, de principio a fin. Una solución típica de Big Data, similar al ciclo de vida de los datos tradicionales, incluye varias fases distintas en la gestión general del ciclo de vida de los datos.

Los líderes digitales participan en todas las fases del ciclo de vida, proporcionando información diferente para cada etapa. Estas fases pueden tener diferentes nombres en diferentes equipos de solución de datos. Los líderes digitales crean una convención de nomenclatura estándar para las fases con el fin de que todos estén en la misma página. Tengamos en cuenta que no existe un enfoque sistemático universal riguroso para el ciclo de vida de Big Data, ya que la disciplina aún está evolucionando. Los nombres y los enfoques cambian continuamente sobre la base de las experimentaciones en curso.

A un alto nivel, el ciclo de vida de la gestión de datos puede incluir fundamentos, adquisiciones, preparación, entrada, procesamiento, salida, interpretación, análisis, consumos, retención, respaldo, recuperación, archivo y destrucción.

Como líderes digitales, nos involucramos en todas estas etapas; por lo tanto, un amplio conocimiento de estas fases puede ser beneficioso para obtener inteligencia de datos. Hablemos brevemente de las fases.

La fase de fundación incluye la comprensión y validación de los requisitos de datos, el alcance de la solución, las funciones y responsabilidades de las partes interesadas, la preparación de la infraestructura de datos, las consideraciones técnicas y no técnicas, y la comprensión de las reglas de datos en una organización.

Esta fase requiere un plan detallado facilitado idealmente por un director de proyecto con una importante aportación de los arquitectos de la solución Big Data. Un PDR (informe de definición de proyecto) debe cubrir los asuntos no técnicos tales como el financiamiento del proyecto, los comerciales y otros asuntos. Enterprise Architects gobierna esta fase.

La fase de adquisición de datos se refiere a la recopilación de datos. Podemos obtener datos de varias fuentes. Estas fuentes pueden ser internas y externas a la organización. Las fuentes de datos pueden ser formularios estructurados, como los que se transfieren desde un almacén de datos, sistemas de transacciones o formularios semiestructurados, como los registros web o de sistemas, o no estructurados, como los archivos multimedia, que consisten en vídeos, audios o imágenes.

Los controles de gobierno, seguridad, privacidad y calidad de los datos comienzan con la fase de recopilación de datos. Los arquitectos de datos principales documentan la estrategia de recopilación de datos, los requisitos, las decisiones arquitectónicas, los casos de uso y las especificaciones técnicas en esta fase. Los líderes digitales pueden necesitar revisar y aprobar los requisitos y las decisiones arquitectónicas. Los especialistas en datos y plataformas revisan y aprueban las especificaciones.

En la fase de preparación de los datos, limpiamos los datos brutos recogidos. Comprobamos rigurosamente los datos para detectar inconsistencias, errores y duplicados. Eliminamos sistemáticamente cualquier conjunto de datos y entradas redundantes, duplicados, incompletos o incorrectos. Esta actividad resulta en un conjunto de datos limpio. La preparación de los datos suele ser una tarea de nivel especializado; sin embargo, es posible que los líderes digitales deban dirigir esta fase. Pueden delegar las actividades de detalles a los arquitectos y especialistas en soluciones de datos.

La entrada de datos se refiere al envío de datos a repositorios o sistemas de datos de destino planificados. Por ejemplo, enviamos los datos limpios a determinados destinos como sistemas CRM, lagos de datos o almacenes de datos. En esta fase, transformamos los datos brutos en un formato utilizable. Normalmente, un Enterprise Architect gobierna esta fase; sin embargo, los líderes digitales pueden involucrarse en las actividades de la junta de arquitectura.

El procesamiento de datos comienza con el procesamiento de la forma en bruto de los datos. Luego, convertimos los datos en un formato legible que le da la forma y el contexto. Después de esta actividad, podemos interpretar los datos mediante las herramientas de análisis de datos seleccionadas. Podemos utilizar herramientas de procesamiento de Big Data genéricas o propietarias basadas en las prácticas de datos de nuestra organización.

Algunas herramientas estándar que podemos considerar son Hadoop MapReduce, Impala, Hive, Pig, y Spark SQL. La herramienta de procesamiento de datos en tiempo real más común es HBase, y las herramientas de procesamiento de datos en tiempo casi real son Spark Streaming. El procesamiento de datos también incluye actividades como la anotación, integración, agregación y representación de datos.

En esta fase, los datos pueden cambiar su formato en función de los requisitos. Podemos utilizar los datos procesados en varias salidas de datos, como en lagos de datos, para redes empresariales y dispositivos conectados. Podemos analizar más a fondo los datos utilizando técnicas y herramientas de procesamiento avanzadas como Spark MLib, Spark GraphX y el aprendizaje de la máquina.

El procesamiento de datos requiere varios miembros del equipo con diferentes conjuntos de habilidades. Mientras que el arquitecto principal de la solución dirige la fase, los especialistas en datos, los ingenieros y los científicos de datos realizan la mayoría de las actividades. Enterprise Architects gobierna esta fase desde la perspectiva del enfoque, proceso, tecnología y herramientas. Los líderes digitales pueden participar en actividades de gobernabilidad.

La salida de datos es una fase en la que los datos están en un formato listo para ser consumidos por los usuarios empresariales. Podemos transformar datos en formatos utilizables como texto plano, gráficos, imágenes procesadas o archivos de vídeo. Esta fase anuncia los datos listos para su uso y los envía a la siguiente etapa para su almacenamiento. Esta fase en algunas organizaciones también se denomina ingesta de datos con el objetivo de exportar datos para su uso inmediato o futuro y mantenerlos en formato de base de datos. El proceso de ingestión puede ser en tiempo real o por lotes. Debemos familiarizarnos con las herramientas estándar de ingestión de Big Data como Sqoop, Flume y Spark streaming.

Una vez completada la fase de salida de datos, almacenamos los datos en unidades de almacenamiento asignadas, tal y como se indica en los diseños de la plataforma de datos. Una vez que los datos están almacenados, los grupos de usuarios definidos pueden acceder fácilmente a ellos. El almacenamiento de datos grandes incluye tecnologías subyacentes como el almacenamiento de datos relacionales o el almacenamiento de datos extendido como HDFS y HBASE.

Podemos considerar los formatos de archivo texto, binario, u otro tipo de formatos especializados como Secuencia, Avro y Parquet en fase de almacenamiento de datos. En esta fase participan varios arquitectos y especialistas. Mientras que los líderes digitales trabajan con los Arquitectos Empresariales para establecer los estándares, los Arquitectos de Infraestructura construyen las plataformas de datos con las aportaciones de los Arquitectos de Datos o de Información.

Una vez que los datos son almacenados, en modelos tradicionales, se termina el proceso. Sin embargo, en el caso de Big Data, puede ser necesario integrar los datos almacenados para diversos fines. Algunos modelos de datos pueden requerir la integración de lagos de datos con un almacén de datos o un data marts. También puede haber requisitos de integración de aplicaciones. Por ejemplo, algunas actividades de integración pueden incluir la integración de datos con cuadros de mando, cuadros de mando, sitios web o aplicaciones de visualización de datos. Esta actividad puede solaparse con la siguiente fase, que es el análisis de datos.

Los datos integrados están listos para el análisis de datos, que es la siguiente fase. El análisis de datos es un componente importante de Big Data. Esta fase es crítica porque obtenemos valor de negocio de Big Data. Puede haber un equipo responsable del análisis de datos dirigido por un científico de datos. Data Architect tiene un papel limitado en esta fase. Los arquitectos de datos necesitan asegurarse de que completamos esta fase utilizando el rigor arquitectónico para el análisis. Enterprise Architects valida los estándares. Los líderes digitales pueden proporcionar orientación y clarificación de los requisitos de la analítica.

Una vez realizada la analítica de datos, los convertimos en información lista para ser consumida por los usuarios internos o externos, incluidos los clientes de la organización. Es posible que sea necesario realizar una copia de seguridad de algunos datos críticos. Existen estrategias, técnicas, métodos y herramientas de respaldo de datos que los líderes digitales pueden necesitar para proporcionar orientación para identificar, documentar y obtener la aprobación.

Es posible que necesitemos archivar algunos datos críticos por razones regulatorias u otras razones comerciales durante un período definido. Con el aporte de los líderes digitales, Enterprise Architects determina y documenta la estrategia de retención de datos aprobada por el órgano de gobierno en el departamento de práctica de datos.

Puede haber requisitos reglamentarios para destruir un tipo particular de datos después de un cierto número de veces. Estos pueden cambiar en función de las industrias a las que pertenecen los datos. Aunque existe un orden cronológico para la gestión del ciclo de vida, para la producción de soluciones Big Data, algunas fases pueden solaparse ligeramente, por lo que podemos realizarlas en paralelo. El ciclo de vida es la única directriz y puede personalizarse en función de la estructura del equipo de solución de datos, las necesidades de datos y la dinámica de los departamentos de la organización propietaria o de la empresa.

Por lo general, los arquitectos de datos comienzan con una comprensión del proceso de principio a fin. Podemos clasificar el proceso en dos grandes categorías. La primera es la gestión de datos, y la segunda es la analítica de datos.

Puede ser útil comprender las actividades de gestión de datos, como la adquisición, extracción, limpieza, anotación, procesamiento, integración, agregación y representación de datos. Los componentes de análisis de datos de alto nivel son actividades como la modelización, el análisis, la interpretación y la visualización.

Plataformas

Necesitamos entender la función de las plataformas de datos. La primera capa de la plataforma de datos es la zona de información operativa compartida, que consiste en los tipos de datos tales como datos en movimiento, datos en reposo y datos en varias otras formas. Incluye fuentes de datos heredadas, nuevas fuentes de datos, centros de datos maestros, centros de datos de referencia y repositorios de contenido.

La segunda gran capa es el procesamiento. Esta capa incluye la ingestión de datos, información operacional, área de aterrizaje, zona analítica, archivo, análisis en tiempo real, exploración, almacén integrado, zonas de mercado de datos. Esta capa necesita tener un modelo de gobernanza para el catálogo de metadatos que incluya la seguridad de los datos y la recuperación ante desastres de los sistemas, el almacenamiento y el alojamiento y otros componentes de la infraestructura, como la nube.

La tercera capa es la plataforma de análisis. Consiste en análisis en tiempo real, planificación, pronóstico, toma de decisiones, análisis predictivo, descubrimiento de datos, visualizaciones, cuadro de mando y otras características analíticas.

La cuarta capa consiste en productos tales como procesos de negocio, esquemas de toma de decisiones y puntos de interacción. Necesitamos proporcionar acceso con controles establecidos tanto para los profesionales de la plataforma de datos como para los científicos de datos, arquitectos de datos, expertos en análisis y usuarios empresariales. Necesitamos contratar a un arquitecto o especialista de seguridad para que analice los requisitos y tome las medidas adecuadas.

El nivel del esquema para la plataforma de datos es una consideración arquitectónica crucial. Podemos clasificar el nivel de esquema en tres categorías, tales como sin esquema, esquema parcialmente estructurado y esquema completamente estructurado. El control del esquema es una preocupación de la empresa; por lo tanto, los arquitectos de la empresa necesitan tomar el control de esta función con la entrada de los líderes de la transformación digital.

Para entender el tipo de esquema, podemos usar ejemplos. Algunos ejemplos de no esquema son los archivos de vídeo, audio e imagen; los feeds de medios sociales, los esquemas parciales como el correo electrónico, los registros de mensajería instantánea, los registros de sistema, los registros de centro de llamadas; y los esquemas altos pueden ser datos de sensores estructurados y datos de transacciones relacionales.

Los niveles de procesamiento de datos requieren consideraciones arquitectónicas. Los niveles de procesamiento podrían ser datos brutos, datos validados, datos transformados y datos calculados. Otra clasificación estructural de los datos en esta plataforma está relacionada con la relevancia del negocio. Podemos categorizar la relevancia comercial de los datos como datos externos, datos personales, datos departamentales y datos empresariales.

Vocabulario de Negocios

Otro concepto esencial es el vocabulario de negocios. Necesitamos definir el vocabulario de negocios como una comprensión compartida de Big Data relacionada con el análisis de negocios. El vocabulario de negocios proporciona términos consistentes para ser usados por toda la organización. Vocabulario propio de los departamentos de negocios. Los arquitectos de Enterprise Architects se aseguran de que esto esté en su lugar y adecuadamente gobernado.

Usualmente, los usuarios de negocios mantienen este vocabulario. Este vocabulario describe el contenido de negocio soportado por los modelos de datos. Más importante aún, desde una perspectiva arquitectónica, este vocabulario puede ser una entrada crucial para el catálogo de metadatos; por lo tanto, puede ser una preocupación empresarial.

Gobernabilidad de los Datos

Debemos gobernar los datos. El gobierno de datos es un factor crítico para la transformación digital de la empresa. El sistema de gobierno de Big Data debe tener en cuenta factores esenciales como la seguridad, la privacidad, la confianza, la operatividad, la conformidad, la agilidad, la innovación y la transformación de los datos. También es vital que, a un nivel fundamental, se establezca y evolucione una infraestructura de gobernanza de datos para su adopción a nivel empresarial.

La gobernanza puede tener en cuenta a los diferentes actores del ecosistema. Por ejemplo, los arquitectos de datos son responsables de desarrollar el gobierno de los modelos de Big Data; los científicos de datos son responsables de una perspectiva analítica. Los grupos de interés empresariales son responsables de la gobernanza de los modelos empresariales para producir resultados empresariales para el ecosistema de datos en cuestión.

El gobierno de Big Data es un área amplia y cubre componentes, alcance, manejo de requerimientos, estrategia, arquitectura, diseño, desarrollo, análisis, pruebas, procesamiento, componentes, relaciones, entrada, salida, objetivos de negocio, perspectivas y todos los demás aspectos de la gestión y análisis de datos.

Como líderes digitales, debemos trabajar estrechamente con Enterprise Architects para mantener la gobernanza, especialmente para los programas de transformación digital. Los arquitectos de Enterprise Architects son responsables de la gestión integral de la arquitectura de Big Data y de las soluciones asociadas. Pueden delegar algunas tareas de gobierno con Big

Data Lead y arquitectos de soluciones según sea necesario.

Analítica

Big Data Analytics es una disciplina integral impulsada por la empresa. A un alto nivel, su objetivo es tomar decisiones comerciales rápidas, reducir el costo de un producto o servicio y probar nuevos mercados para crear nuevos productos y servicios. Utilizamos la analítica de Big Data en todas las industrias. Las industrias más comúnmente utilizadas son la salud, las ciencias de la vida, la fabricación, el gobierno y la venta al por menor.

Necesitamos métodos y herramientas para realizar análisis de grandes datos. Hay métodos y muchas herramientas disponibles en el mercado. Dado que el análisis de grandes volúmenes de datos es una disciplina relativamente nueva, tanto los métodos como las herramientas siguen evolucionando. La mayoría de los métodos son patentados; sin embargo, algunos están disponibles a través de programas de código abierto. Algunas herramientas populares que se mencionan con frecuencia en las publicaciones de Big Data Analytics son Aqua Data Studio, Azure HDinsight, IBM SPSS Modeler, Skytree, Talend, Splice Machine, Plotly, Lumify, Elasticsearch.

El código abierto ha progresado bien en esta área y ha producido múltiples herramientas poderosas. Algunas de las herramientas de análisis de código abierto más utilizadas son Apache Hadoop, Apache Spark, Apache

Storm, Apache Cassandra, Apache SAMOA, Neo4j y MongoDB. En la sección de tecnología y herramientas de este capítulo se ofrece una visión general de estas herramientas.

La analítica de Big Data es un área amplia y en crecimiento. Necesitamos entender los diversos métodos y técnicas que se utilizan para el análisis de grandes cantidades de datos. Los métodos y técnicas más utilizados para el análisis de grandes datos son el procesamiento del lenguaje natural, las pruebas de hipótesis de dos muestras, el aprendizaje automático, la minería de datos, la minería de patrones de asociación, el análisis conductual, el análisis predictivo, el análisis descriptivo, el análisis prescriptivo y el análisis de diagnóstico.

En entornos de transformación, tratamos la analítica predictiva en una cantidad considerable; por lo tanto, necesitamos entender la importancia de esta técnica. Considerando los datos actuales e históricos, el análisis predictivo cubre técnicas que predicen resultados futuros. Los análisis predictivos buscan patrones y capturan relaciones en los datos. Por ejemplo, podemos utilizar técnicas de regresión lineal en el aprendizaje automático y en la red neuronal para lograr las interdependencias de las variables en los datos capturados para el análisis predictivo. Podemos utilizarlo en muchas disciplinas y con diversos fines comerciales. La predicción de los objetivos de compra de los clientes mediante el análisis de su comportamiento de compra es un caso de uso diario de las soluciones de Big Data.

El análisis prescriptivo también es esencial para las iniciativas digitales. El análisis prescriptivo tiene como objetivo encontrar la mejor acción para una situación dada. Este tipo de análisis busca maneras de determinar el mejor resultado entre varias opciones. Los análisis prescriptivos pueden ser fundamentales para mitigar los riesgos, mejorar la precisión de las predicciones y aprovechar las oportunidades. Este tipo de análisis nos ayuda a analizar las interacciones y las decisiones potenciales y nos proporciona la mejor solución.

Hay momentos en los que podemos necesitar usar análisis de diagnóstico en los objetivos de transformación. La analítica diagnóstica utiliza múltiples técnicas como el descubrimiento, la minería, las correlaciones, la comparación y el contraste. La analítica diagnóstica se pregunta por qué ha ocurrido algo al examinar los datos y propone una respuesta a esta pregunta fundamental. Puede ser útil para encontrar la causa raíz de las situaciones.

Para las iniciativas de modernización y transformación empresarial, debemos tener en cuenta que las plataformas de datos emergentes pueden potenciar los procesos y análisis de Big Data. En la siguiente sección abordaremos algunos conceptos clave y las relaciones entre ellos.

Lagos de Datos

Las soluciones de transformación de grandes volúmenes de datos requieren el uso del modelo de lagos de datos. Los lagos de datos son aspectos fundamentales y útiles de la gestión del ciclo de vida de Big Data. Podemos definir los lagos de datos en los términos más simples como las fuentes de datos dinámicamente limpias e instantáneamente utilizables que se ponen a disposición para propósitos específicos. La necesidad de un lago de datos viene de los usuarios para aprovechar los datos limpios basados en un enfoque de autoservicio sin necesidad de profesionales de datos técnicos. El uso de lagos de datos puede ser una propuesta de negocio crítica para los programas de modernización y transformación de las empresas.

Un lago de datos puede ser un único almacén de datos empresariales transformados en formato nativo. Suelen estar bien informados, visualizados y analizados mediante análisis avanzados. Un lago de datos puede incluir datos estructurados, semiestructurados y no estructurados, como imágenes, vídeos o sonidos.

Los lagos de datos son almacenes dinámicos y pueden alimentarse de forma iterativa a medida que se descubren y transforman más datos limpios a partir de múltiples fuentes en la empresa. Por ejemplo, un lago de datos puede almacenar datos relacionales de aplicaciones empresariales y datos no relacionales de dispositivos de IO, medios sociales y aplicaciones móviles.

Existen múltiples casos de uso para lagos de datos. Los más comunes son cuando se requiere un análisis de datos en tiempo real para las fuentes de datos procedentes de varias fuentes. Otro caso de uso puede estar relacionado con los objetivos de tener una visión completa de los datos de los clientes procedentes de múltiples fuentes. Los requisitos de auditoría y la centralización de datos también pueden ser casos de uso para lagos de datos. Estos casos de uso son pertinentes y pueden ser significativos para los objetivos de modernización de las empresas.

El valor comercial de los lagos de datos proviene de ser capaz de realizar análisis avanzados muy rápidamente para los datos procedentes de diversas fuentes en tiempo real, como los flujos de clics, los medios sociales y los registros del sistema. El uso de lagos de datos ayuda a las partes interesadas del negocio a identificar rápidamente las oportunidades, tomar decisiones informadas y actuar sobre su decisión de manera expedita para acelerar la llegada al mercado.

Los lagos de datos pueden ser implementados usando varias herramientas, técnicas y servicios. Existen servicios disponibles comercialmente, así como servicios de código abierto para establecer lagos de datos. Por ejemplo, productos comerciales como Azure Data Lake, Amazon S3 y el producto de código abierto Apache Hadoop son algunos de los elementos que permiten tener en cuenta para nuestras soluciones. Hay muchas más herramientas y métodos para diseñar, implementar y ejecutar soluciones de Data Lake.

Sobre la base de la información obtenida de muchas implementaciones exitosas de lagos de datos, parece que una excelente opción de plataforma para lagos de datos es Hadoop. Hadoop, como sistema de código abierto, es altamente escalable, modular, agnóstico desde el punto de vista tecnológico, de código abierto, rentable y no presenta limitaciones de esquema. Observé que muchos de los líderes digitales con los que trabajé y con los que me reuní en otras organizaciones adoptaron Hadoop debido a su eficacia para las transformaciones.

El diseño de lagos de datos requiere una consideración crítica de los tipos de datos. Por ejemplo, una consideración clave es que si el propósito de los datos es desconocido, es mejor mantenerlos en formato crudo para que puedan ser utilizados por los profesionales de datos en el futuro cuando sea necesario. Los líderes digitales pueden guiar estas decisiones a nivel empresarial en lo que respecta a las transformaciones.

Uno de los retos críticos de los lagos de datos es la seguridad a medida que los datos llegan al lago en tiempo real desde múltiples fuentes incontroladas. Para hacer frente a este desafío, es necesario contar con una arquitectura de seguridad bien gobernada con controles de acceso y coherencia semántica para el lago de datos de la empresa. El diseño de lagos de datos es una actividad a nivel de especialistas que suele ser llevada a cabo por un arquitecto o especialista experimentado en almacenamiento. Los líderes digitales pueden proporcionar información para establecer los estándares y mantener la gobernanza para el ciclo de vida de las iniciativas de los lagos de datos.

Además de los lagos de datos, también necesitamos entender los charcos y estanques de datos. El charco de datos es una plataforma de datos minúscula y específica que normalmente se utiliza para una misión específica de un solo equipo en una organización dirigida por un grupo de marketing o un científico de datos. También son un candidato adecuado para los compromisos de descarga ETL (Extract, Transform, Load) de datos intensivos para un solo equipo. A diferencia de los lagos de datos, no se trata de un procesamiento basado en datos que permita tomar decisiones informadas a nivel empresarial.

En relación con los charcos de datos, otro término utilizado para un grupo de charcos de datos son los charcos de datos. Podemos diseñar estanques de datos para una pequeña cantidad de propósitos de gestión de datos. Una forma de explicar un estanque de datos es asemejarse a un almacén de datos diseñado para el procesamiento de grandes datos. Los líderes digitales pueden proporcionar información para elegir el modelo de implementación de datos adecuado con la ayuda de Arquitectos de Empresa, Datos e Información.

Otro término esencial relacionado con los lagos de datos que necesitamos entender es "pantano de datos". Este término se refiere a un lago de datos no gestionado que puede no ser accesible para los consumidores previstos o puede no proporcionar el valor comercial deseado. De las lecciones aprendidas en el campo, muchas implementaciones fallidas de lagos de datos, desafortunadamente, se convirtieron en pantanos de datos.

Tengamos en cuenta que los pantanos de datos son situaciones indeseables en una empresa. Por lo tanto, como líderes digitales, tenemos que considerar este tipo de lecciones aprendidas a fondo para la estrategia de gestión de datos de los planes de modernización y transformación de la empresa.

Consideraciones Esenciales para las Soluciones de Datos

Como líderes digitales, aprovechamos las habilidades arquitectónicas, la tecnología relevante y las herramientas para crear soluciones personalizadas para las transformaciones. Las soluciones a medida pueden ser productos o servicios dependiendo de los objetivos y el alcance de los programas de transformación.

Las soluciones de Big Data son distintas y requieren experiencia adicional. Además de considerar varios puntos arquitectónicos, estas soluciones también requieren un conocimiento del dominio de la arquitectura de datos e información. Al más alto nivel, necesitamos identificar los enfoques óptimos para recopilar, almacenar, procesar, analizar y presentar los grandes datos. Sin embargo, las soluciones prácticas son diseñadas por Big Data o Information Architects con nuestra guía.

Las soluciones de Big Data requieren tecnología y herramientas heterogéneas que se adapten al propósito. Es esencial darse cuenta de que no existe una única tecnología o herramienta que pueda proporcionar un propósito universal para el desarrollo de soluciones Big Data.

Además, debido a sus dependencias y relaciones con muchos componentes, atributos y factores, las soluciones de Big Data no pueden desarrollarse de forma aislada o en silos. Los líderes digitales necesitan considerar todo el ecosistema y romper los silos en el pensamiento y los factores arquitectónicos críticos que pueden afectar a toda la empresa.

Para las soluciones de Big Data, debemos centrarnos en plataformas, procesos, tecnología y herramientas altamente escalables. Debido a su naturaleza, la escalabilidad es un requisito fundamental para las soluciones de Big Data. Comprometer la escalabilidad, incluso en una pequeña cantidad, puede causar soluciones indeseables, proyectos problemáticos y niveles de servicio fallidos. La escalabilidad es un factor crítico para las iniciativas de modernización y transformación de las empresas.

La modularidad es otra consideración esencial de las soluciones de Big Data para los objetivos de modernización de las empresas. Para la modularidad, necesitamos asegurarnos de que los módulos encajan en el panorama general. Por ejemplo, los mismos datos deberían poder ser utilizados por diferentes proyectos y tecnologías en lugar de crear silos de acceso a datos innecesarios.

Las soluciones de Big Data para la transformación digital requieren pensar fuera de la caja y formas innovadoras de hacer las cosas. Necesitamos entender las últimas tecnologías y prácticas para las soluciones de Big Data. Por ejemplo, hay una tendencia en la industria a probar nuevos métodos de análisis de datos sin atarse a los recursos tradicionales de EDW y a los procesos ETL.

En términos de herramientas y tecnologías, podemos considerar la posibilidad de mezclar sistemas de código abierto y comerciales basados en su aplicabilidad y en el cumplimiento de nuestros requisitos. Por ejemplo, la OLTP puede diseñarse utilizando bases de datos relacionales disponibles comercialmente para bases de datos Casandra estructuradas y de código abierto que soporten bases de datos semiestructuradas.

Las fuentes de datos en la empresa siguen cambiando y hay nuevas fuentes disponibles. Además de las fuentes de datos heredadas, debemos considerar nuevas fuentes de datos en las soluciones de modernización de Big Data. Necesitamos determinar el tipo de fuentes de datos requeridas en nuestras soluciones.

Desde el punto de vista de la preparación de la solución y de la gestión de la calidad, es vital determinar los plazos de la ingestión de datos en la empresa. La ingestión de datos, como aspecto crítico de Big Data en el contexto de la modernización, es el proceso de importación, transferencia, carga, procesamiento y almacenamiento de datos para su uso. Puede ser síncrono, por lotes asíncronos o por tiempo real. Necesitamos articular estas opciones con razones convincentes y obtener la validación de las opiniones y aprobaciones de los expertos en la materia y del órgano de gobierno de la solución.

Es vital elegir el tipo de procesamiento que se va a realizar, ya sea en tiempo real o por lotes. Nuestro procesamiento de datos puede ser descriptivo, predictivo, prescriptivo, diagnóstico y ad-hoc. También debemos considerar la expectativa de latencia del procesamiento. Estos factores pueden desempeñar un papel importante en las iniciativas de modernización de las empresas.

Necesitamos determinar cómo acceder a los datos, por ejemplo, por orden aleatorio o secuencial. Además, tenemos que considerar los patrones de acceso a los datos. Los patrones de acceso a los datos son necesarios para optimizar los requisitos de acceso a los datos. Hay muchos patrones disponibles en la integración de aplicaciones de datos y en las publicaciones de interfaz. Por ejemplo, algunos patrones comunes son la aceleración de la inicialización de los recursos de la base de datos, la eliminación de los cuellos de botella en el acceso a los datos y la ocultación de la semántica oscura de la base de datos a los usuarios.

La optimización de bases de datos es una práctica esencial a nivel empresarial. El objetivo de estas técnicas es mejorar la calidad y la velocidad de las actividades de acceso, lectura y escritura de datos. Algunas de las consideraciones críticas son el uso de índices apropiados, la eliminación de índices innecesarios y la minimización de las transferencias de datos del cliente al servidor.

Hasta ahora, hemos proporcionado una visión de muy alto nivel de las consideraciones de los datos a nivel de la empresa. Estos son la única punta del iceberg en el desarrollo de soluciones Big Data para la transformación digital. Los líderes digitales no entran en los detalles de la arquitectura de Big Data, ya que se trata de una experiencia a nivel de dominio y no de una preocupación a nivel de empresa. Una vez que comenzamos el proceso y profundizamos en los requisitos, podemos encontrarnos con muchas más consideraciones basadas en nuestra industria, los objetivos del proyecto y muchos otros factores que algunos de ellos pueden estar más allá de nuestros controles y pueden requerir experiencia en el campo.

Por lo tanto, es esencial seguir un método establecido, un equipo de soluciones colaborativas, procesos probados, tecnologías líderes y herramientas bien soportadas para producir soluciones Big Data exitosas para transformaciones digitales. Los líderes digitales pueden guiar al equipo con estas prácticas fundamentales de datos fundamentales. Ahora hablemos del código abierto mágico para nuestras transformaciones digitales.

Fuente Abierta

Quiero destacar la importancia de utilizar herramientas de código abierto para las transformaciones digitales, especialmente en las plataformas de datos. El uso de herramientas de código abierto puede ser muy beneficioso para los programas de modernización y transformación de las empresas. Supongo que usted es consciente del código abierto, pero en caso de que debido a su importancia, hablemos brevemente de las herramientas de Big Data comúnmente utilizadas y recomendadas en el espacio del código abierto.

El código abierto es increíblemente útil y está muy extendido para la tecnología de la información, por lo que es igualmente crucial para el análisis de datos en la empresa. Es un tipo de contrato de licencia que permite a los desarrolladores y usuarios usar libremente el software, modificarlo, desarrollar nuevas formas de mejorarlo e integrarlo a proyectos más grandes. Es un enfoque colaborativo e innovador adoptado por muchas organizaciones de TI y organizaciones de consumidores. No sólo es ideal para empresas de nueva creación y para aquellas con un presupuesto de TI reducido, sino también para empresas que luchan por disponer de arquitecturas más flexibles para la modernización que conduzcan a transformaciones digitales.

Existen muchas herramientas y tecnologías de código abierto para Big Data y Analytics. Familiarizarse con algunas herramientas de código abierto esenciales y de uso común puede ser útil. El conocimiento de estas herramientas es fundamental para nosotros.

He aquí un resumen de las famosas herramientas de código abierto Big Data y Analytics. Empecemos con el famoso Hadoop. Apache Hadoop es una plataforma para el almacenamiento y procesamiento de datos. Hadoop es escalable, tolerante a fallos, flexible, rentable y de código abierto. Es ideal para la gestión de pools de almacenamiento masivo utilizando el enfoque por lotes en entornos de informática distribuida. Podemos utilizar Hadoop para soluciones complejas de Big Data y Analytics a nivel empresarial.

La siguiente es Cassandra. Apache Cassandra es una base de datos de código abierto semiestructurada. Es linealmente escalable, de alta velocidad y tolerante a fallos. El caso de uso principal de Cassandra es un sistema transaccional que requiere una respuesta rápida y una escalabilidad masiva. Cassandra también se utiliza ampliamente para soluciones de grandes datos y análisis a nivel empresarial.

Apache Kafka es una plataforma de software de procesamiento de secuencias. Con Kafka, los usuarios pueden suscribirse a los registros de confirmación y publicar datos en cualquier número de sistemas o aplicaciones en tiempo real. Kafka ofrece una plataforma unificada, de alto rendimiento y baja latencia para el manejo de flujos de datos en tiempo real. Las plataformas Kafka fueron desarrolladas inicialmente por LinkedIn, utilizadas durante un tiempo, y donadas al código abierto.

Apache Flume ofrece una arquitectura simple y flexible. La arquitectura de Flume es un software confiable y distribuido para recolectar, agregar y mover eficientemente grandes cantidades de datos de registro en el ecosistema de Big Data. Podemos utilizar Flume para la transmisión de flujos de datos. El canal es tolerante a fallas con muchos sistemas de recuperación y conmutación por error. Flume utiliza un modelo de datos extensible que permite la aplicación analítica en línea.

Apache NiFi es una herramienta de automatización diseñada para automatizar el flujo de datos entre los componentes del software basado en un modelo de programación basado en flujos. Actualmente, Cloudera soporta sus requerimientos comerciales y de desarrollo. Dispone de un portal para los usuarios y utiliza el cifrado TLS para su seguridad.

Apache Samza es un sistema de procesamiento de flujo casi en tiempo real. Proporciona un marco asincrónico para el procesamiento de secuencias. Samza permite crear aplicaciones de estado que procesan datos en tiempo real a partir de múltiples fuentes. Es bien conocido por ofrecer tolerancia a fallos, procesamiento de estado y aislamiento.

Apache Sqoop es una aplicación de interfaz de línea de comandos utilizada para transferir datos entre Apache Hadoop y las bases de datos relacionales. Podemos utilizarlo para cargas incrementales de una sola tabla o consultas SQL de forma libre. Podemos usar Sqoop con Hive y HBase para rellenar las tablas.

Apache Chukwa es un sistema de recopilación de datos. Chukwa monitorea grandes sistemas distribuidos y se basa en el marco de MapReduce en HDFS (Hadoop Distributed File System). Chukwa es un sistema escalable, flexible y robusto para la recolección de datos.

Apache Storm es un framework de procesamiento de streams. La tormenta se basa en picos y pernos para definir las fuentes de datos. Permite el procesamiento por lotes y distribuido de datos de streaming. El Storm también permite el procesamiento de datos en tiempo real.

Apache Spark es un framework que permite la computación en clúster para entornos distribuidos. Podemos usar Spark para necesidades generales de clustering. Proporciona tolerancia a fallos y paralelismo de datos. La base arquitectónica de Spark se basa en el resistente conjunto de datos distribuido. La API de Dataframe es una abstracción sobre el conjunto de datos distribuidos elásticos. Spark tiene diferentes ediciones, como Core, SQL, Streaming y GraphX.

Apache Hive es un software de almacenamiento de datos. Podemos construir Hive sobre la plataforma Hadoop. Hive proporciona consulta de datos y soporta el análisis de grandes conjuntos de datos almacenados en HDFS. Ofrece un lenguaje de consulta llamado HiveQL.

Apache HBase es una base de datos distribuida no relacional. HBase funciona sobre HDFS. HBase proporciona capacidades similares a Bigtable de Google para Hadoop. HBase es un sistema tolerante a fallos.

Otra gran herramienta, que no es Apache, es MongoDB. Es una base de datos de alto rendimiento, tolerante a fallos, escalable, multiplataforma y NoSQL. Se trata de datos no estructurados. Es desarrollado por MongoDB Inc. está licenciado bajo la SSPL (Server-Side Public License), que es un tipo de producto de código abierto.

Existen muchas más herramientas de software de código abierto de desarrollo rápido que pueden utilizarse para diversas funciones de gestión del ciclo de vida de los datos en la empresa. Estas herramientas pueden ser útiles para los programas de modernización y transformación de la empresa que se centran en soluciones Big Data y Analytics. Estas herramientas son de fácil acceso y están disponibles en base a acuerdos de licencia de código abierto.

Herramientas Comerciales

También hay muchas herramientas y tecnologías disponibles en el mercado para Big Data y Analytics que se pueden implementar en toda la empresa. Estas herramientas y tecnologías pueden venderse como productos o servicios. El conocimiento de estos productos y servicios puede ser beneficioso para los líderes digitales. Algunas de las plataformas más populares de Big Data y Analytics con herramientas asociadas son Google BigQuery, Hortonworks Data Platform, HP Bigdata, IBM Big Data, Microsoft Azure, SAP Bigdata Analytics, Teradata Bigdata Analytics, Amazon Web Services. Dado que la cobertura de estas plataformas y herramientas es amplia y exhaustiva, está fuera del alcance de este libro incluirlas aquí.

Resumen del capítulo y puntos para llevar

Un hecho significativo es que los datos, especialmente los grandes, son omnipresentes en todas las empresas.

Los datos grandes son diferentes de los datos tradicionales. Las principales diferencias provienen de características como el volumen, la velocidad, la variedad, la veracidad, el valor y la complejidad general de los conjuntos de datos en un ecosistema de datos.

A un alto nivel, el ciclo de vida de la gestión de datos puede incluir fundamentos, adquisiciones, preparación, entrada, procesamiento, salida, interpretación, análisis, consumos, retención, respaldo, recuperación, archivo y destrucción.

Algunas herramientas estándar que podemos considerar son Hadoop MapReduce, Impala, Hive, Pig, y Spark SQL.

Una vez realizada la analítica de datos, los convertimos en información lista para ser consumida por los usuarios internos o externos, incluidos los clientes de la organización.

Puede haber requisitos reglamentarios para destruir un tipo particular de datos después de un cierto número de veces.

Los niveles de procesamiento de datos requieren consideraciones arquitectónicas. Los niveles de procesamiento podrían ser datos brutos, datos validados, datos transformados y datos calculados. Otra clasificación estructural de los datos en esta plataforma está relacionada con la relevancia del negocio. Podemos categorizar la relevancia comercial de los datos como datos externos, datos personales, datos departamentales y datos empresariales.

El vocabulario de negocio describe el contenido de negocio soportado por los modelos de datos. Más importante aún, desde una perspectiva arquitectónica, este vocabulario puede ser una entrada crucial para el catálogo de metadatos; por lo tanto, puede ser una preocupación empresarial.

El sistema de gobierno de Big Data debe tener en cuenta factores esenciales como la seguridad, la privacidad, la confianza, la operatividad, la conformidad, la agilidad, la innovación y la transformación de los datos. También es vital que, a un nivel fundamental, se establezca y evolucione una infraestructura de gobernanza de datos para su adopción a nivel empresarial.

Hay métodos y muchas herramientas disponibles en el mercado. Dado que el análisis de grandes volúmenes de datos es una disciplina relativamente nueva, tanto los métodos como las herramientas siguen evolucionando.

Los lagos de datos son aspectos fundamentales y útiles de la gestión del ciclo de vida de Big Data. Podemos definir los lagos de datos en los términos más simples como las fuentes de datos dinámicamente limpias e instantáneamente utilizables que se ponen a disposición para propósitos específicos.

Las soluciones de Big Data requieren tecnología y herramientas heterogéneas que se adapten al propósito. Es esencial darse cuenta de que no existe una única tecnología o herramienta que pueda proporcionar un propósito universal para el desarrollo de soluciones Big Data.

El código abierto es increíblemente útil y está muy extendido para la tecnología de la información, por lo que es igualmente crucial para el análisis de datos en la empresa. Es un tipo de contrato de licencia que permite a los desarrolladores y usuarios usar libremente el software, modificarlo, desarrollar nuevas formas de mejorarlo e integrarlo a proyectos más grandes.

Algunas de las plataformas más populares de Big Data y Analytics con herramientas asociadas son Google BigQuery, Hortonworks Data Platform, HP Bigdata, IBM Big Data, Microsoft Azure, SAP Bigdata Analytics, Teradata Bigdata Analytics, Amazon Web Services.

Capítulo 12: Inteligencia Móvil

Propósito

Utilizamos y trabajamos con dispositivos móviles todos los días. La Inteligencia Móvil es fundamental para la modernización y transformación digital. La movilidad es tan crucial que todo el enfoque digital gira en torno a la movilidad de las empresas, los productos y los servicios.

Mobilidad

La movilidad implica a las personas, los procesos, la tecnología y las herramientas a gran escala. La movilidad es esencial para las personas en la empresa. La demanda de movilidad está aumentando rápidamente. El proceso de movilidad también se enfrenta al reto de satisfacer las demandas de los consumidores. La tecnología y las herramientas están proliferando. Dispositivos móviles, teléfonos móviles, ordenadores móviles, tabletas, redes inalámbricas son algunos de ellos.

Ciclo de Vida

Lifecycle management for mobile devices is an essential architectural consideration in enterprise modernisation and transformation initiatives. Managing mobile devices can be daunting from many angles. The life cycle for mobile devices can be much shorter than traditional computing and telecommunication devices.

Lidiando con la Cantidad

Otro reto arquitectónico relacionado con los dispositivos móviles es el de la cantidad. En el pasado, sólo había teléfonos de oficina y la gente solía compartirlos. Hoy en día, los trabajadores tienen múltiples teléfonos móviles. Tener varios dispositivos móviles por persona puede equivaler a miles de dispositivos móviles a considerar a nivel empresarial.

Además de la cantidad, el usuario en la empresa puede cambiar los dispositivos móviles con frecuencia. Estos cambios frecuentes requieren la consideración de aplicaciones y actualizaciones de software para estos dispositivos.

Las estrategias de modernización y transformación de las empresas deben tener en cuenta los retos asociados a estos dispositivos móviles. Los líderes digitales necesitan crear una gobernanza dinámica y flexible para abordar las preocupaciones relacionadas con el uso y la gestión del ciclo de vida de estos dispositivos.

Implicaciones de Seguridad Móvil

Las implicaciones de seguridad de los dispositivos móviles son enormes desafíos. Crean muchas vulnerabilidades de seguridad para las empresas. Las actualizaciones de software pueden ser persistentes y muy frecuentes. Las actualizaciones y parches frecuentes pueden crear una carga de trabajo masiva para los departamentos de soporte de TI.

El uso de estos dispositivos móviles aumenta drásticamente el consumo de información en la empresa. El control de seguridad de los datos también puede ser desalentador. Estas implicaciones de seguridad atraviesan los dominios de datos y aplicaciones; por lo tanto, se requiere un esfuerzo de colaboración entre los arquitectos de seguridad, datos y aplicaciones. Los líderes digitales deben coordinar esta colaboración a través de otros dominios técnicos, arquitectónicos y empresariales de la empresa.

Estos retos críticos creados por los dispositivos móviles son reales y evidentes en la empresa. Por lo tanto, la iniciativa de modernización de las empresas debe tener en cuenta estos retos y encontrar formas prácticas e innovadoras de abordarlos.

Inteligencia de Negocio Móvil

La inteligencia de negocio móvil, también conocida como Mobile BI, es un requisito esencial para que las empresas mantengan su competitividad, abran nuevos mercados y creen nuevas fuentes de ingresos. Mobile BI incluye información en tiempo real e histórica para analizar dispositivos móviles como teléfonos y tabletas. El objetivo principal de Mobile BI es proporcionar conocimientos, basados en información pasada y actual, para la toma de decisiones empresariales.

Mobile BI es necesario para el soporte global de los dispositivos móviles en el ecosistema empresarial. Esta inteligencia, que proporciona una perspectiva amplia de los datos empresariales, las cifras de ventas, las cifras de consumo y las estadísticas de rendimiento, puede ser valiosa para la modernización de las empresas. Mediante el uso de la analítica sobre el progreso móvil en una empresa puede ser muy útil para desarrollar un nuevo modelo de negocio y mejorar los modelos actuales.

Los proveedores de productos y servicios utilizan ampliamente Mobile BI. Algunos entornos de Mobile BI establecidos y populares son servicios de acceso público como Appstore de Apple, Google Play Store y Samsung Galaxy Store. Los programas de modernización empresarial pueden modelar estos servicios que funcionan bien para crear y mejorar su actual estrategia de Mobile BI, modelos de servicio y ofertas.

Gestión Unificada de Endpoint (puesto final)

Una práctica unificada de gestión de puntos finales (UEM) es esencial para las iniciativas de modernización y transformación de la empresa. La UEM incluye herramientas de software relevantes e interfaces de gestión centralizadas para los consumidores.

Esta centralización es necesaria para mejorar las capacidades de seguridad y también para permitir que los consumidores y otras partes interesadas compartan contenidos en colaboración. Necesitamos integrar la gestión unificada de endpoints en nuestra estructura de programas de modernización de la empresa.

Observaciones Concluyentes Sobre la Movilidad

La movilidad es una parte inevitable de nuestras vidas en el hogar y en el lugar de trabajo. Afortunada o desafortunadamente, creó un puente entre los hogares y los lugares de trabajo. De alguna manera, los empleadores pueden acceder fácilmente a sus empleados; sin embargo, la privacidad de los empleados se ve afectada por esta fácil accesibilidad.

La realidad es que ya no podemos hacer negocios sin el uso de dispositivos móviles. La movilidad es una parte esencial de la empresa. Toca todos los aspectos de la empresa. No podemos tener un lugar de trabajo digital sin una arquitectura de movilidad adecuada.

No podemos tener una empresa moderna sin incluir la movilidad en la ecuación. Por estas razones imperiosas, debemos abordar la movilidad desde una perspectiva estratégica y arquitectónica para integrarla adecuadamente en la cultura y el ecosistema de la empresa modernizadora y transformadora.

Resumen del capítulo y puntos para llevar

La gestión de los dispositivos móviles puede ser desalentadora desde muchos ángulos. El ciclo de vida de los dispositivos móviles puede ser mucho más corto que el de los dispositivos informáticos y de telecomunicaciones tradicionales.

Hoy en día, los trabajadores tienen múltiples teléfonos móviles. Tener varios dispositivos móviles por persona puede equivaler a miles de dispositivos móviles a considerar a nivel empresarial.

Las implicaciones de seguridad de los dispositivos móviles son enormes desafíos. Crean muchas vulnerabilidades de seguridad para las empresas.

La inteligencia de negocio móvil, también conocida como Mobile BI, es un requisito esencial para que las empresas mantengan su competitividad, abran nuevos mercados y creen nuevas fuentes de ingresos.

La realidad es que ya no podemos hacer negocios sin el uso de dispositivos móviles. La movilidad es una parte esencial de la empresa. Toca todos los aspectos de la empresa. No podemos tener un lugar de trabajo digital sin una arquitectura de movilidad adecuada.

Capítulo 13: Inteligencia Digital de Equipo

Propósito

Un ecosistema digital puede estar formado por muchos equipos interrelacionados con una amplia variedad de profesionales que cubren diversas facetas de la modernización de las empresas y las transformaciones digitales. Podemos ver muchas funciones y responsabilidades en estos programas.

Estas funciones y responsabilidades deben conocerse y comprenderse claramente. Por lo tanto, llamamos a este capítulo inteligencia de equipo digital.

La comprensión de las estructuras y dinámicas de los equipos digitales requiere una cantidad considerable de inteligencia. Discutamos los factores significativos en las secciones siguientes.

Talento Digital

El talento es esencial en las iniciativas de modernización y transformación empresarial. Por lo tanto, como líderes digitales, necesitamos entender el valor y la importancia del talento para nuestros programas. Sin talento de calibre, nuestros programas digitales no pueden progresar y transformarse productivamente.

Para ello, debemos ser muy cautelosos a la hora de cultivar y mantener el talento en nuestros equipos. Tenemos que hacer todo lo posible para retener el talento valioso en nuestros equipos. No podemos dejar de insistir en que el talento es un factor crucial para facilitar los productos y servicios básicos de las empresas en proceso de modernización. Sin talento, una organización no puede ser competitiva en sus objetivos de modernización. Existe una constante búsqueda de talento en la industria para asegurar estos escasos recursos.

Necesitamos desempeñar funciones de gestión del talento y de facilitación. Podemos animar a los miembros menos jóvenes del equipo a rendir mejor y convertirlos en jugadores talentosos.

También podemos detectar el mal desempeño de nuestro equipo y ayudar a eliminar a los empleados con mal desempeño y reemplazarlos por miembros talentosos del equipo que puedan contribuir genuinamente a la visión de modernización y transformación. Nuestro éxito depende de equipos de alto rendimiento.

Desempeño de Equipo

Las iniciativas de modernización y transformación de la empresa requieren miembros del equipo que puedan funcionar y producir al más alto nivel posible. Estos miembros del equipo deben tener un desempeño óptimo en todo momento para cumplir con los desafíos de estos programas. Sus habilidades y capacidades deben ser probadas y validadas para adecuarse al tipo de trabajo que realizan.

La formación de equipos de alto rendimiento es fundamental para el éxito de estos programas.

Necesitamos crear equipos técnicos locales proactivos y comprometidos y una comunidad de prácticas como actividades de devolución. Estos equipos de alta calidad y la comunidad colaborativa de prácticas pueden generar soluciones innovadoras y de alta calidad con agilidad. Contribuyen de forma ideal a la modernización, a la transformación digital y a los objetivos de fusión.

Como estos equipos están involucrados en asuntos complejos, las personas pueden tener puntos ciegos para entender la dinámica sofisticada. Los puntos ciegos pueden ser peligrosos en los equipos digitales. El propietario del punto ciego no puede ver su punto ciego a menos que utilice herramientas específicas o la ayuda de alguien más experimentado. Los hábitos y los patrones de pensamiento habituales son causas comunes de los puntos ciegos. Concentrarse en los detalles sin ver el cuadro completo también puede causar pensamientos nublados y, en última instancia, puntos ciegos peligrosos.

Sin embargo, como líderes digitales astutos, necesitamos buscar imágenes grandes desde múltiples ángulos y bucear profundamente cuando sea necesario, por lo que podemos identificar rápidamente los puntos ciegos y las debilidades experimentadas por los miembros de nuestro equipo.

Necesitamos articular situaciones con retroalimentación constructiva, muchos ejemplos clarificadores, metáforas y símiles. Este influyente enfoque de articulación puede ayudar a las personas a ver sus puntos ciegos, comprender sus debilidades y convertirlas en fortalezas. En relación con los puntos ciegos, la identificación de agendas ocultas y costes ocultos es fundamental para las iniciativas de modernización de las empresas.

La adopción de las medidas de rendimiento necesarias es esencial para los programas de modernización y transformación de las empresas. Tenemos que centrarnos en las medidas cualitativas y cuantitativas para el éxito del equipo. Podemos gestionar a través de estructuras matriciales complejas en nuestras organizaciones.

Como profesionales digitales orientados a la métrica, necesitamos utilizar KPIs (Key Performance Indicators). Podemos utilizar un tablero de control del equipo para ver las tendencias y calificar y cuantificar el progreso en formatos visuales para los miembros del equipo y las partes interesadas del negocio.

Necesitamos animar a otros miembros del equipo a crear su tablero de control y tablero de control compartido para el equipo. Nuestros equipos deben convertir la empresa en una organización basada en datos para medir estructural y metódicamente el progreso de los objetivos de modernización. Una de las medidas clave es la orientación al cliente y los mecanismos de apoyo.

Nos aseguramos de que se proporcione una perspectiva centrada en el cliente, centrándonos en la mejora continua de la experiencia del cliente con resultados medibles. Se espera que seamos los `líderes del pensamiento'. El liderazgo de pensamiento es una necesidad y una demanda crítica en los entornos de modernización, para cambiar las culturas y transformar los ecosistemas.

Los resultados tangibles son esenciales para el éxito de los programas de modernización y transformación de las empresas. Estos programas requieren resultados tangibles de manera iterativa en lugar de monolítica. Por ejemplo, algunos resultados tangibles pueden ser la virtualización de plataformas, la creación de contenedores, la creación de recursos compartidos reutilizables, la revisión de productos y servicios acordados.

Debemos prestar especial atención a proporcionar resultados mensurables con el apoyo de los miembros de nuestro equipo. El entorno de modernización presenta un cambio constante y rápido y cualquier cambio es importante en el ecosistema en transformación. Estos pequeños y rápidos cambios conducen a resultados mensurables más significativos en las últimas etapas de la modernización; por ejemplo, los sistemas pueden necesitar estar totalmente automatizados, sin conexión directa, orientados al servicio, definidos por el software, autoaprendizaje, autogestión y autocuración, son algunos de los ejemplos que cabe mencionar en este contexto.

Profesionales de la Tecnología Digital

Como líderes digitales, trabajamos con muchos profesionales involucrados en iniciativas digitales en nuestras organizaciones. Por ejemplo, trabajamos en estrecha colaboración con arquitectos, diseñadores y especialistas técnicos. Al más alto nivel, la aplicación de un riguroso enfoque de arquitectura empresarial es un aspecto crítico de las iniciativas de modernización y transformación.

Tengamos cuidado de que si el proceso de arquitectura empresarial sale mal en una iniciativa, todo lo demás sale mal. Todos los demás tipos de arquitectura, como la arquitectura de soluciones, la arquitectura de sistemas, la arquitectura de integración y otros dominios de arquitectura, dependen de la calidad de la arquitectura empresarial. Aparte de la arquitectura, las actividades subsiguientes del ciclo de vida de la modernización también se ven afectadas negativamente.

Después de una arquitectura validada, centrada en el negocio y pragmática que apoya la estrategia de modernización y transformación, el diseño (tanto de alto nivel como detallado) es el siguiente aspecto vital a considerar en el ciclo de vida.

Participamos en varios foros, como los de las Juntas de Revisión de Arquitectura y los foros de la Autoridad de Diseño. Estos foros están formados por muchos arquitectos, diseñadores y especialistas técnicos. Por ejemplo, una Autoridad de Diseño puede estar formada por varios arquitectos con diversos conocimientos en diferentes campos. Normalmente, Enterprise Architects orquesta las actividades con su amplio conocimiento y comprensión de la estrategia, arquitectura, asuntos técnicos y negocios. Gobiernan la Autoridad de Diseño utilizando sus habilidades organizativas junto con otras habilidades arquitectónicas y su comprensión del negocio. Entendamos el papel de Enterprise Architects ya que debemos trabajar con ellos día a día en nuestros programas de transformación.

Arquitectos Empresariales

Enterprise Architects tiene habilidades de pensamiento estratégico, arquitectónico y de diseño. Estos estimados arquitectos necesitan articular el entorno empresarial actual con los altos ejecutivos patrocinadores, establecer los objetivos futuros del entorno empresarial y mostrar cómo cerrar la brecha para los objetivos de modernización entre estos dos entornos.

A un alto nivel, Enterprise Architects entiende el alcance general de la modernización y transformación digital, los requisitos y los casos de uso de las soluciones. Además, los Arquitectos Empresariales realizan Evaluaciones de Viabilidad que son críticas para los programas de modernización y transformación de las empresas. Estos arquitectos deben evaluar regularmente los riesgos, problemas, dependencias y limitaciones teniendo en cuenta las fortalezas, debilidades, oportunidades y amenazas en sus tareas cotidianas.

Enterprise Architects es responsable de la gobernanza arquitectónica y técnica. La gobernanza técnica es un aspecto esencial de las iniciativas de modernización. Los programas de modernización requieren un modelo de gobernanza particular debido a su naturaleza. Un modelo de gobernanza dinámico y flexible es esencial para las iniciativas de modernización. Los modelos tradicionales de gobernanza opresiva basados en normas estrictas y extremas pueden ser obstáculos para el progreso. Los principios de agilidad se adaptan mejor a los modelos de gobernanza dinámica.

Los arquitectos empresariales suelen desempeñar el papel de responsables de la gobernanza técnica en programas de modernización de gran envergadura. Pueden tener roles formales de gobernabilidad. Por ejemplo, estos arquitectos pueden dirigir los comités de revisión de arquitectura o los foros de autoridades de diseño establecidos para programas de modernización complejos.

Arquitectos de Dominios de Negocios

Los arquitectos de dominios empresariales suelen estar asignados a un dominio empresarial específico en una empresa y desempeñan diversos papeles y responsabilidades en los programas de modernización y transformación digital.

Los arquitectos de dominios pueden diseñar un componente o componentes integrados en sus unidades de negocio. Aunque se centran en el negocio, también pueden tener una sólida formación técnica que cubre varios aspectos de la arquitectura, como la infraestructura, las aplicaciones, los datos, la seguridad y mucho más.

Cuando trabajamos para un problema específico de una unidad de negocio, estos arquitectos de dominio pueden ser fundamentales para proporcionar la orientación necesaria a nuestras iniciativas.

Arquitectos de Infraestructura

Los arquitectos de infraestructuras son responsables de la infraestructura subyacente, como la red, los servidores, el almacenamiento, las plataformas, las instalaciones físicas, como los centros de datos y las comunicaciones. Estos arquitectos son los responsables de la fontanería del mundo digital. Como líderes digitales, trabajamos estrechamente con estos arquitectos, ya que son muy astutos en cuanto a los componentes de infraestructura de nuestras iniciativas digitales.

Arquitectos de Aplicación

Los arquitectos de aplicaciones son responsables de las aplicaciones y el middleware en toda la empresa. Las empresas pueden tener muchas aplicaciones independientes e integradas que abarcan múltiples servidores, dominios y ubicaciones geográficas.

Los arquitectos de aplicaciones entienden la funcionalidad, operabilidad, soporte, integración y migración de las aplicaciones.

Como líderes digitales trabajamos en estrecha colaboración con Application Architects. Son recursos críticos para los programas de modernización y transformación digital.

Arquitectos Especialistas

Aunque los arquitectos cubren un amplio espectro, algunos arquitectos se especializan en áreas particulares de la empresa debido al amplio alcance de los dominios. Las áreas de especialidad más comunes son Arquitecto de Seguridad, Arquitecto de Datos, Arquitecto de Información, Arquitecto de Red, Arquitecto de Movilidad, Arquitecto de Lugar de Trabajo. Algunos de estos tipos de arquitectos también pueden servir como especialistas técnicos que trataremos en la siguiente sección.

Especialistas Técnicos

Como líderes en el sector digital, trabajamos en estrecha colaboración con especialistas técnicos que cuentan con una experiencia tecnológica distinta que abarca un amplio espectro de tecnologías en todos los ámbitos técnicos. Estos especialistas son profesionales técnicamente eminentes en el campo de su elección. En algunas organizaciones, se les llama especialistas distinguidos.

La eminencia o distinción técnica se refiere a la experiencia técnica reconocida interna y externamente a la organización de un líder técnico que es influyente y tiene un alto impacto tanto en la comunidad técnica como en la empresarial.

Algunos especialistas técnicos tienen fuertes habilidades en la industria, demuestran liderazgo de pensamiento y poseen experiencia en múltiples campos. Estos especialistas son muy apreciados y solicitados por sus opiniones y contribuciones a las iniciativas de modernización y transformación. Liderar la empresa para la modernización requiere factores distintivos en múltiples dominios tecnológicos con un conocimiento profundo hasta cierto punto. Estos grupos de personas son los talentos ideales para los programas de transformación digital.

Analistas de Negocio

Los analistas de negocios son recursos críticos para traducir los requisitos del negocio en requisitos técnicos trabajando con las partes interesadas del negocio, arquitectos y especialistas técnicos.

Para los analistas de negocio que se ocupan de las iniciativas de modernización y transformación, es esencial contar con habilidades de comunicación excepcionales. Sus habilidades de comunicación son muy respetadas y buscadas por sus pares, gerentes y clientes.

Se espera que los analistas de negocios se comuniquen a todos los niveles con confianza y facilidad. Deben articular las situaciones más complejas y los asuntos técnicos con todas las partes interesadas en un lenguaje que esas personas puedan entender. Los analistas de negocio deben personalizar sus mensajes en función del perfil de la audiencia.

Mentores y Entrenadores Digitales

La tutoría y el coaching son un cambio cultural y un requisito esencial para la modernización de los entornos. Debe haber una constante nutrición y transferencia de conocimientos de arriba a abajo. Con este fin, como líderes digitales, debemos ser mentores para los miembros de nuestro equipo, otros miembros del equipo, personas de organizaciones asociadas, estudiantes de universidades e incluso personas externas de otras organizaciones.

Tenemos que compartir generosamente nuestros conocimientos y transferirlos a cualquiera que los necesite para utilizarlos en las modernizaciones y los compromisos de transformación.

También tenemos que ser buenos entrenando a nuestros compañeros, subordinados y miembros del equipo, siendo una caja de resonancia para ellos. Los miembros del equipo junior pueden sentirse fácilmente abrumados por el rápido ritmo y los cambios de los programas de modernización.

Podemos ser excelentes oyentes e incluso contribuir al bienestar de los miembros de nuestro equipo, proporcionando sesiones de coaching para colegas estresados, lo que resulta en resultados terapéuticos.

Campeones de la Ágilidad y de los Cambios

El cambio es fundamental para la modernización y transformación de las empresas. Todo cambia continua y rápidamente. El liderazgo del cambio es una función vital para la modernización. Enfrentarse a un cambio rápido no es algo trivial y, de hecho, requiere habilidades, experiencia y conocimientos delicados.

Como líderes digitales, debemos ser catalizadores para el cambio continuo y servir como un Campeón Ágil. Con nuestras contribuciones catalíticas, necesitamos refrescar la cultura para lograr paisajes más ágiles, colaborativos, inventivos e innovadores en la empresa.

Como campeones del cambio y la agilidad, podemos crear conjuntos de prácticas innovadoras en el ecosistema. Nuestros atributos, como ser receptivos, compartir y aprender mutuamente, y divertirnos con alegría en un ambiente de equipo agradable, pueden tener un tremendo impacto en la mejora de la cultura para un cambio positivo.

Aprendizaje en Equipo

El aprendizaje es un proceso interminable en entornos de transformación que conduce a la modernización de las empresas heredadas. Debido a los cambios en las tecnologías, procesos y herramientas, como líderes digitales, necesitamos aprender rápida y eficientemente.

Podemos tener una amplia variedad de estilos de aprendizaje. Basándonos en situaciones y condiciones, necesitamos aprender formal e informalmente basándonos en las circunstancias. Necesitamos convertir cada interacción posible en una oportunidad potencial de aprendizaje.

Debemos crear oportunidades de aprendizaje sólo para nosotros mismos, pero también para los miembros del equipo. También necesitamos enseñar a otras personas de forma activa y bajo demanda. Al enseñar a los miembros de nuestro equipo, podemos aprender más y mejor. Esta nueva forma de aprendizaje es fundamental para satisfacer las exigencias de los objetivos de modernización y transformación de las empresas.

Resumen del capítulo y puntos para llevar

El talento es esencial en las iniciativas de modernización y transformación empresarial. Necesitamos entender el valor y la importancia del talento para nuestros programas. Sin talento de calibre, nuestros programas digitales no pueden progresar y transformarse productivamente.

La formación de equipos de alto rendimiento es fundamental para el éxito de estos programas. Necesitamos crear equipos técnicos locales proactivos y comprometidos y una comunidad de prácticas como actividades de devolución.

Tenemos que centrarnos en las medidas cualitativas y cuantitativas para el éxito del equipo. Podemos gestionar a través de estructuras matriciales complejas en nuestras organizaciones.

Como profesionales digitales orientados a la métrica, necesitamos utilizar KPIs (Key Performance Indicators). Podemos utilizar un tablero de control del equipo para ver las tendencias y calificar y cuantificar el progreso en formatos visuales para los miembros del equipo y las partes interesadas del negocio.

Enterprise Architects tiene habilidades de pensamiento estratégico, arquitectónico y de diseño.

Los arquitectos de dominios pueden diseñar un componente o componentes integrados en sus unidades de negocio.

Los arquitectos de infraestructuras son responsables de la infraestructura subyacente, como la red, los servidores, el almacenamiento, las plataformas, las instalaciones físicas, como los centros de datos y las comunicaciones.

Los arquitectos de aplicaciones entienden la funcionalidad, operabilidad, soporte, integración y migración de las aplicaciones.

Las áreas de especialidad más comunes son Arquitecto de Seguridad, Arquitecto de Datos, Arquitecto de Información, Arquitecto de Red, Arquitecto de Movilidad, Arquitecto de Lugar de Trabajo.

Los especialistas técnicos tienen una experiencia tecnológica distinta que abarca un amplio espectro de tecnologías en todos los ámbitos técnicos. Estos especialistas son profesionales técnicamente eminentes en el campo de su elección.

Los analistas de negocios son recursos críticos para traducir los requisitos del negocio en requisitos técnicos trabajando con las partes interesadas del negocio, arquitectos y especialistas técnicos.

La tutoría y el coaching son un cambio cultural y un requisito esencial para la modernización de los entornos. Debe haber una constante nutrición y transferencia de conocimientos de arriba a abajo.

Como líderes digitales, debemos ser catalizadores para el cambio continuo y servir como un Campeón Ágil.

Debido a los cambios en las tecnologías, procesos y herramientas, como líderes digitales, necesitamos aprender rápida y eficientemente.

Capítulo 14: Conclusiones

Enhorabuena, llegamos a las conclusiones después de cubrir muchas facetas de la inteligencia digital. Ahora, hagamos una revisión de alto nivel de lo que aprendimos para reforzar nuestro aprendizaje y comprensión. Ahora recapitulemos rápidamente los puntos clave que discutimos anteriormente.

Cubrimos que la definición estándar de inteligencia es la capacidad de adquirir conocimientos y habilidades y aplicarlos según sea necesario. La inteligencia digital, a un alto nivel, es la capacidad de convertir o representar el mundo físico en formato digital.

Físico y digital son dos mundos diferentes con entidades diferentes. Tienen sus capacidades y limitaciones inherentes. Para ser digitalmente inteligentes, necesitamos tener un conocimiento profundo del proceso digital y adquirir habilidades prácticas relevantes para las disciplinas digitales.

El pensamiento arquitectónico puede ser utilizado como un marco robusto para obtener conocimiento digital, desvelar el misterio de la inteligencia digital y aumentar nuestra inteligencia digital proporcionando un enfoque estructurado.

La visión establece el escenario y nos muestra dónde queremos estar en el futuro. Aunque todo el mundo tiene una visión, una visión productiva y estratégica es una capacidad de liderazgo y requiere una cantidad sustancial de inteligencia, conocimiento, habilidades y experiencia.

Nuestra estrategia digital nos ayuda a llegar a nuestro destino utilizando un plan maestro. El plan maestro puede ser una hoja de ruta de alto nivel que nos lleve al destino que establezcamos.

Tanto los usuarios como los sistemas tienen sus requisitos. Existen diferentes requisitos para los diferentes tipos de usuarios. La recopilación de requisitos para las iniciativas digitales es un proceso de extremo a extremo, como la recopilación, el análisis, la aclaración, el seguimiento, la validación y el uso.

El manejo de los casos de uso requiere diferentes modos de pensamiento, tales como mirar las cosas desde la perspectiva del usuario. Observar y ser observador al mismo tiempo es una capacidad mental crítica.

Al entender el estado actual, establecemos el estado futuro y desarrollamos una hoja de ruta para alcanzar los objetivos. El pensamiento arquitectónico puede guiarnos a pensar en la viabilidad de nuestra hoja de ruta de la solución digital teniendo en cuenta los riesgos, las dependencias y las limitaciones del camino.

Una compensación es un compromiso entre dos opciones. Al hacer concesiones, necesitamos considerar factores críticos, como el costo, la calidad, la funcionalidad, la usabilidad y muchos otros elementos no funcionales.

Necesitamos tomar decisiones arquitectónicas muy cuidadosamente ya que cada decisión puede tener un impacto severo y múltiples implicaciones. Algunas implicaciones pueden estar relacionadas con los costes, mientras que otras pueden estar relacionadas con el rendimiento, la disponibilidad, la seguridad y la escalabilidad.

Establecer el contexto para cualquier solución nos ayuda a comunicarla a las partes interesadas de manera eficiente. El contexto añade claridad a la comprensión de la solución.

Un modelo es la estructura propuesta típicamente en una escala menor que la original. Describir representaciones abstractas en detalles concretos también requiere una gran cantidad de ejercicio mental, incluyendo el manejo de múltiples patrones, que pueden estimular nuestras habilidades de pensamiento.

Tratar con la complejidad requiere una inteligencia extensiva. La técnica más común es la simplificación de la complejidad mediante el uso de un enfoque de partición. Podemos dividir, subdividir, segregar o repartir los sistemas, objetos, componentes o equipos entre unidades más pequeñas.

Una forma de simplificar un sistema es reducir el número de componentes repetitivos. Otra técnica podría ser mover un elemento de un grupo grande de los elementos agrupados, pero aún así, mantener la relación para preservar su identidad central. Después de particionar y simplificar, el siguiente método útil es la iteración.

Todo en la transformación de la empresa genera costos sustanciales. Hay costos conocidos y ocultos. Los costos ocultos son la parte más significativa del proverbial iceberg.

Podemos contribuir a reducir los costes de la solución haciendo concesiones con un enfoque metódico y colaborativo.

Aumentamos la calidad de las soluciones mediante la aplicación de la diligencia profesional, el rigor arquitectónico, la agilidad en la entrega, la colaboración inteligente entre múltiples equipos y la recolección de materiales reutilizables.

Tenga en cuenta que puede haber una enorme presión por parte de los gerentes de proyectos y el personal de adquisiciones para generar una lista de materiales por adelantado debido a las demandas del ciclo de vida del proyecto. Sin embargo, podemos señalar que sin una arquitectura y un diseño aprobados, no podemos comenzar a comprar materiales.

Puede haber grandes costos de infraestructura y mantenimiento asociados con grandes centros de datos, granjas de servidores, dispositivos móviles, unidades de almacenamiento, herramientas de procesamiento de datos, máquinas de análisis y alojamiento en multi-Clouds.

Los SLA automatizados pueden detectar una baja disponibilidad y un rendimiento deficiente. Estos SLAs automatizados activan las reglas y obligan a las organizaciones que incumplen los acuerdos a pagar las sanciones acordadas contractualmente.

Debemos prestar atención a los SLAs desde las etapas iniciales del ciclo de vida de la solución digital. Cuanto mayor sea la calidad de las soluciones, más fácil será para los SLAs cumplir con ellas cuando las soluciones estén en producción y en estado operativo. El rigor de la calidad en cada fase puede contribuir positivamente a hacer frente a los riesgos de SLA.

Algunas de las consideraciones clave para abordar los problemas de SLA podrían ser la monitorización autónoma del estado y el mantenimiento remoto.

Las transformaciones digitales son largos viajes que llevan a las empresas del caos a la coherencia. El proceso de transformación incluye todos los aspectos de la empresa. Los sistemas digitales empresariales pueden incluir procesos de TI empresariales, datos empresariales, aplicaciones empresariales, infraestructura de TI y prestación de servicios de TI. Estos dominios pueden ser incluso más complicados con la adición de factores geográficos como la adición de varios países a la ecuación.

Una de las soluciones de solución esenciales para hacer frente a esta complejidad es modernizar estos dominios primarios de forma iterativa y en paralelo.

El documento de estrategia es un artefacto crítico para reunir a todas las partes y partes interesadas en la misma página. A continuación, los líderes en soluciones digitales identifican las dependencias críticas entre estos dominios basándose en consideraciones a corto, medio y largo plazo.

Una evaluación de viabilidad debe incluir riesgos, limitaciones y dependencias clave. La evaluación de viabilidad puede ser la herramienta más informativa que una solución digital puede proporcionar a los ejecutivos patrocinadores para tomar decisiones informadas.

A medida que la solución digital va avanzando, necesitamos desarrollar criterios para priorizar los requisitos basados en los factores descritos en los documentos de estrategia y hoja de ruta, así como en los profesionales financieros y empresariales establecidos por los ejecutivos patrocinadores.

Necesitamos introducir la innovación de forma continua, como facilitador de la reducción de costes, ya que puede ser el actor dominante en la gestión de costes globales en entornos digitales complejos.

La innovación y la invención se relacionan con la novedad, la mejora, las iteraciones y el progreso continuo y constante. El pensamiento innovador e inventivo genera ideas nuevas, se centra en mejorar las ideas y se esfuerza por lograr un progreso continuo e iterativo.

Las culturas empresariales que adoptan enfoques de pensamiento innovadores e inventivos pueden renovarse naturalmente para sobrevivir y prosperar en condiciones fluctuantes, que son típicas de las empresas que se modernizan y transforman.

La innovación, las invenciones, la excelencia técnica y la agilidad están interrelacionadas. El pensamiento innovador e inventivo enciende la excelencia técnica, y la excelencia técnica puede ser potenciada por la agilidad.

Usualmente usamos tipos de pensamiento verticales y lineales para resolver problemas. La aplicación de la lógica y la racionalización de los pensamientos son algunas de las técnicas en este tipo de modo de pensamiento. El pensamiento horizontal, que abarca más amplitud que profundidad, tiene como objetivo generar ideas impredecibles rompiendo los rígidos patrones de pensamiento. El pensamiento horizontal desafía las suposiciones. Este tipo de pensamiento busca alternativas y va más allá de lo ordinario, creando soluciones radicales.

Algunas técnicas comúnmente utilizadas para el pensamiento horizontal son las aleatorizaciones, las distorsiones, las inversiones, las exageraciones, las metáforas, las analogías, los sueños, la minería temática, el cuestionamiento de las normas y la creación de contradicciones.

Una de las técnicas prácticas para generar ideas innovadoras e inventivas es el uso de mapas mentales. Podemos articular nuestros pensamientos utilizando mapas representativos en papel o pizarra.

La gente colabora mejor en culturas que adoptan ideas innovadoras e inventivas. Se ven a sí mismos con las condiciones cambiantes en nuevas posiciones. No se resisten porque saben que el cambio puede serles útil.

La mejor manera de encender la innovación y la invención es ser un modelo a seguir para nuestros seguidores. Necesitamos animar a los miembros del equipo a innovar, inventar y recompensar sus logros.

En las organizaciones modernizadoras, la innovación y la invención se vuelven habituales. Los miembros del equipo se esfuerzan por alcanzar la excelencia creando nuevas ideas en sus tareas diarias. No sólo necesitamos crear innovaciones e invenciones a nivel personal, sino también a través de la colaboración con los equipos inmediatos y los equipos extendidos.

El pensamiento de diseño permite que el equipo sea intuitivo y lógico al mismo tiempo. El pensamiento de diseño permite a los miembros del equipo ser más creativos para reconocer nuevos patrones.

Necesitamos tener una mentalidad de crecimiento para encender la innovación y la invención en el ecosistema. Debemos ayudar a los miembros de nuestro equipo con una mentalidad fija para que se conviertan a una mentalidad de crecimiento.

Debemos centrarnos en el cliente y ponernos en su lugar con gran empatía. Usando técnicas de pensamiento de diseño, podemos desarrollar mapas de empatía. La mentalidad basada en la empatía es parte de la práctica del pensamiento de diseño.

Necesitamos considerar las condiciones del mercado y las necesidades de los clientes. Estas condiciones pueden ayudarnos a generar nuevas ideas. Escuchar atentamente a nuestros clientes y colaborar con ellos puede ayudarnos a centrarnos en el pensamiento innovador. Muchas innovaciones pueden ser co-creadas con los clientes.

Puede haber muchos obstáculos visibles e invisibles para la innovación; por lo tanto, es fundamental reconocer los obstáculos potenciales. Las barricadas pueden ser de varias formas y desde varios ángulos. Uno de los principales obstáculos es mantener el statu quo.

Siempre hay un miedo y una resistencia desconocidos a las novedades por parte de algunas personas que pueden tener agendas ocultas. Debemos reconocer a las personas que pueden intentar sabotear el pensamiento innovador e inventivo en los programas de modernización.

Debemos encontrar maneras de involucrar a las personas que resisten y mostrar el valor y el beneficio de las nuevas ideas a este tipo de personas. La mentalidad de seguir como si nada hubiera pasado puede ser un obstáculo para las nuevas ideas. Los procesos empresariales engorrosos pueden ser factores disuasorios. Y lo que es más importante, los empleados cansados apenas pueden tener interés en la innovación y las invenciones, ya que no pueden ver la necesidad inmediata.

La simplicidad toca casi todos los ángulos de las soluciones de modernización, ya que estas soluciones pueden ser increíblemente complejas. La simplicidad, en las empresas sofisticadas, es un tema paradójico. Paradójicamente, para crear simplicidad, uno necesita tratar con mucha complejidad, complicaciones y asuntos sofisticados.

Se espera que los líderes digitalmente inteligentes articulen los asuntos más complicados y complejos en un formato simple que sea comprensible para los demás.

Una de las formas más eficaces de simplificar el proceso es automatizar las tareas rutinarias y las pilas de tecnología repetitiva. La automatización puede ayudar a estandarizar y simplificar las tareas complicadas y repetitivas propensas a los errores humanos.

Necesitamos tener la misión de simplificar los procesos de negocio y tecnológicos y hacerlos centrados en el usuario.

El sofisticado modelo de servicios en el back office requiere un grado considerable de simplificación para que los usuarios se beneficien del uso de tecnologías complicadas.

La simplicidad y la claridad están estrechamente relacionadas. Especialmente en la industria de servicios técnicos, proporcionar una experiencia transparente a los miembros del equipo técnico puede ser muy beneficioso.

La simplicidad del diseño tiene un enorme impacto en las fases posteriores del ciclo de vida de la modernización, como la prestación de servicios y el soporte. Cuanto más sencillo sea el diseño, más eficaz puede ser el soporte de entrega y servicio.

Los diseños móviles deben centrarse en la simplicidad eliminando el desorden de las pantallas debido a la naturaleza de las vistas de pantalla pequeñas. Estos tipos de diseños deben centrarse sólo en los objetos fundamentalmente esenciales.

La modularidad y los enfoques modulares de las soluciones complejas son esenciales para la simplificación, la modernización y la transformación digital. Uno de los enfoques para los objetivos de modernización puede ser un recorrido basado en el dominio que simplifique los módulos de la infraestructura de TI, las aplicaciones, la arquitectura, el middleware, la seguridad, la red y los dominios de datos.

Las especificaciones en espiral también requieren simplificación. Durante muchos años, el tiempo y la energía invertidos en el sistema y en las especificaciones de usuario de los productos y servicios de software y hardware fueron sustanciales.

Las historias de usuarios son plantillas simples, incluyendo las funcionalidades, capacidades y especificaciones desde el punto de vista de los usuarios o consumidores.

El proceso de simplificación de la comunicación permite facilitar la comprensión de los problemas, los riesgos y las dependencias de manera eficaz.

Abstenerse de las frases enrevesadas y, en cambio, utilizar un lenguaje preciso y declaraciones explícitas son factores esenciales para simplificar la comunicación.

Si bien podemos utilizar términos comerciales avanzados para los altos ejecutivos para articular un punto, necesitamos usar términos técnicos profundos para hablar con ingenieros o especialistas técnicos.

Esta conciencia, personalización y flexibilidad en la comunicación es una característica crucial de los líderes digitales.

La capacidad de atención de nuestra generación es relativamente baja debido a muchas interrupciones técnicas en nuestras vidas. Con este fin, los líderes digitales deben captar el punto rápidamente antes de perder la atención de la gente.

Al mismo tiempo que tenemos este rigor, también necesitamos un equilibrio para transmitir el mensaje en los términos más sencillos posibles y hacer que los procesos de gobernanza sean lo más eficaces posible.

Una forma de simplificar los datos es limpiarlos, eliminar duplicaciones y errores. La reducción de las fuentes y volúmenes de datos cuando sea necesario también se utiliza para simplificar los procesos de gestión de datos.

Podemos lograr la simplicidad de los datos a través del análisis de datos adecuado, inteligencia, herramientas poderosas y estrategias de gestión eficaces.

Nuestras presentaciones deben ser concisas y directas. Dead from PowerPoint es una famosa declaración que representa las ineficiencias de las presentaciones utilizando un número excesivo de diapositivas.

La rapidez de comercialización es uno de los requisitos fundamentales de las empresas de hoy en día. Sólo podemos generar ingresos si actuamos con rapidez.

Un enfoque ágil permite a los miembros del equipo probar sus ideas de forma iterativa. Si fracasan, fracasan de forma rápida y barata sin que las iniciativas cuesten mucho dinero.

Los métodos ágiles requieren múltiples roles. Los más comunes son el maestro scrum y el propietario del producto. La inteligencia ágil para el digital requiere el desarrollo de modelos mentales rápidos sobre cómo interactúan los usuarios de tecnología con su solución en cada iteración.

La noción de perfección equivale al fracaso en los programas de transformación de ritmo rápido. Tomar tiempos prolongados ya no es factible en esta era digital. Los consumidores esperan productos y servicios mucho más rápido que en los viejos tiempos. Nuestra rentabilidad depende de nuestra rapidez de comercialización.

El uso de métodos en evolución como DevOps es también una consideración primordial para permitir una modernización que conduzca a transformaciones digitales sustanciales. DevOps reúne a los equipos de desarrollo de software y de operaciones de soporte de infraestructura de forma integrada.

Aplicando la automatización y estandarización a nuestros objetivos de transformación digital, podemos reducir el número de recursos necesarios para mantener las tareas manuales y tediosas.

La automatización y la estandarización pueden abordar los errores humanos y resolver rápidamente los posibles errores. Las empresas que adoptan culturas ágiles no se resisten a la automatización y la estandarización; de hecho, aprovechan las capacidades para alcanzar los objetivos de modernización y transformación.

Se ha demostrado que los silos ralentizan todo el ciclo de vida de modernización y transformación de la empresa. Aprovechando los principios ágiles, podemos prestar especial atención a la colaboración, co-ubicaciones y trabajo en equipo cara a cara en lugar de tener silos y jerarquías en nuestras organizaciones.

Debemos centrarnos continuamente en los temas prioritarios y ocuparnos de los temas pendientes en función de los pedidos prioritarios.

Uno de los aspectos críticos de la inteligencia ágil es la creación de un producto mínimo viable utilizando principios ágiles. La gestión de cada historia de usuario, la eliminación de un ítem atrasado de forma oportuna y la ejecución de una carrera de velocidad es todo acerca de un cambio constante.

Los métodos ágiles permiten los principios del fail fast, fail early, fail cheaply. Estos principios son factores de éxito fundamentales para los objetivos de modernización y transformación digital.

Agile es un enfoque centrado en los costos y en la generación de ingresos. Como líderes digitales ágiles, somos capaces de convertir los costes en inversión.

En su verdadero significado, la colaboración se refiere a un equipo de personas que trabajan juntas para lograr objetivos comunes y lograr resultados exitosos y sinérgicos.

El término fusión se refiere a unir cosas diferentes con atributos o funciones diferentes para crear una sola entidad o forma nueva. La noción de fusión se relaciona con conceptos como integración, mezcla, fusión, amalgamación, sinergia y vinculación.

Fusion es el tipo de colaboración más avanzado y eficaz que se requiere especialmente para iniciativas de modernización complejas y complicadas con objetivos y enfoque de mercado únicos. Crear una colaboración basada en la fusión puede ser un gran desafío.

La comunicación efectiva es un factor crítico para lograr los objetivos de la fusión. Dependiendo del medio, tanto la comunicación verbal como la escrita son esenciales para que se produzca la fusión.

El poder de personas conectadas de diversos orígenes para el mismo objetivo genera nuevas ideas y percepciones. Algunas de estas ideas e ideas pueden tocar a las personas desde diferentes ángulos y motivarlas aún más para que asuman más responsabilidades en este ecosistema en transformación.

Este aspecto mágico de la fusión y la colaboración que conduce a la innovación es una situación ideal para transformar la empresa.

Como líderes digitales, influenciamos a nuestros colaboradores demostrando responsabilidad, rendición de cuentas y credibilidad. Podemos ganarnos la confianza de nuestros colaboradores con credibilidad e integridad. La coherencia y la previsibilidad de nuestro comportamiento son factores críticos para la credibilidad.

Podemos establecer la diversidad con confianza. Cuando la gente comienza a mostrar su verdadero yo, una cultura diversa comienza a florecer. La diversidad es un potenciador de la colaboración y la fusión.

Las principales tecnologías que permiten alcanzar los objetivos de modernización y transformación de las empresas son el Cloud Computing, las tecnologías móviles, el IO, los grandes datos y el análisis de datos.

El atributo más significativo de la nube es que el modelo de servicios en la nube puede ampliar o reducir los recursos informáticos en función de los requisitos del servicio. El movimiento flexible de las cargas de trabajo es otro atributo crucial del modelo de servicios cloud. Puede haber ocasiones en que una organización necesite ejecutar sus cargas de trabajo en una zona horaria diferente, y las cargas de trabajo pueden trasladarse fácilmente a un centro de datos de otro país.

En el mercado, se observa que están surgiendo tecnologías de IO y que las soluciones de IO están creciendo exponencialmente. Los consumidores y los proveedores de servicios tienen un interés increíble y se centran en la IO impulsada por Internet.

Big Data y Analytics son tecnologías y procesos vitales que necesitamos entender. El proceso Big Data se refiere a la captura de una cantidad sustancial de datos de múltiples fuentes, almacenando el análisis, la búsqueda, la transferencia, el intercambio, la actualización, la visualización y el control de grandes volúmenes de datos, como petabytes o incluso exabytes.

La analítica de Big Data es un área amplia y en crecimiento. Podemos entender mejor la analítica de datos de Big Data en cuanto a sus características inherentes. Son conexión, conversión, cognición, configuración, contenido, personalización, nube, cibernética y comunidad.

El aprendizaje automático es una disciplina de moda. Es ampliamente adoptado. El aprendizaje automático se refiere a los sistemas informáticos para aprender y mejorar sobre la base de su aprendizaje a partir del análisis de grandes volúmenes de conjuntos de datos sin necesidad de programación.

El análisis de textos incluye el aprendizaje automático, la lingüística computacional y el análisis estadístico tradicional. El análisis de texto se centra en la conversión de volúmenes masivos de una máquina o texto generado por el hombre en estructuras significativas para crear perspectivas de negocio y apoyar la toma de decisiones.

La PNL se utiliza comúnmente en varios productos comerciales como Siri de Apple, Watson de IBM y Alexa de Amazon.

La ciberseguridad es un vasto dominio de seguridad que cubre todos los aspectos de la gestión de la seguridad, como la gestión de identidades y accesos, la autenticación, la autorización, el cifrado y muchas otras áreas.

Dado que la red y las tecnologías de comunicación asociadas son los facilitadores fundamentales de los objetivos de modernización de la empresa, la comprensión de las funciones de las implicaciones de la red y de la red, como la seguridad, la latencia y el ancho de banda, también son temas importantes.

La movilidad está asociada a varias consideraciones arquitectónicas y empresariales, como el acceso a la red, el cumplimiento, la gestión de datos, la demografía del lugar de trabajo, la responsabilidad del usuario final y los conceptos BYOD.

La gestión de servicios de TI incluye procesos como cambio, problema, incidente, nivel de servicio, capacidad, disponibilidad, continuidad del negocio y gestión de la seguridad. El conocimiento de ITIL puede ser útil para comunicar nuestras necesidades de gestión de servicios a las partes interesadas más amplias de la empresa.

Un hecho significativo es que los datos, especialmente los grandes, son omnipresentes en todas las empresas. Los datos grandes son diferentes de los datos tradicionales. Las principales diferencias provienen de características como el volumen, la velocidad, la variedad, la veracidad, el valor y la complejidad general de los conjuntos de datos en un ecosistema de datos.

A un alto nivel, el ciclo de vida de la gestión de datos puede incluir fundamentos, adquisiciones, preparación, entrada, procesamiento, salida, interpretación, análisis, consumos, retención, respaldo, recuperación, archivo y destrucción. Algunas herramientas estándar que podemos considerar son Hadoop MapReduce, Impala, Hive, Pig, y Spark SQL.

Una vez realizada la analítica de datos, los convertimos en información lista para ser consumida por los usuarios internos o externos, incluidos los clientes de la organización. Puede haber requisitos reglamentarios para destruir un tipo particular de datos después de un cierto número de veces.

Los niveles de procesamiento de datos requieren consideraciones arquitectónicas. Los niveles de procesamiento podrían ser datos brutos, datos validados, datos transformados y datos calculados. Otra clasificación estructural de los datos en esta plataforma está relacionada con la relevancia del negocio. Podemos categorizar la relevancia comercial de los datos como datos externos, datos personales, datos departamentales y datos empresariales.

El vocabulario de negocio describe el contenido de negocio soportado por los modelos de datos. Más importante aún, desde una perspectiva arquitectónica, este vocabulario puede ser una entrada crucial para el catálogo de metadatos; por lo tanto, puede ser una preocupación empresarial.

El sistema de gobierno de Big Data debe tener en cuenta factores esenciales como la seguridad, la privacidad, la confianza, la operatividad, la conformidad, la agilidad, la innovación y la transformación de los datos. También es vital que, a un nivel fundamental, se establezca y evolucione una infraestructura de gobernanza de datos para su adopción a nivel empresarial.

Hay métodos y muchas herramientas disponibles en el mercado. Dado que el análisis de grandes volúmenes de datos es una disciplina relativamente nueva, tanto los métodos como las herramientas siguen evolucionando.

Los lagos de datos son aspectos fundamentales y útiles de la gestión del ciclo de vida de Big Data. Podemos definir los lagos de datos en los términos más simples como las fuentes de datos dinámicamente limpias e instantáneamente utilizables que se ponen a disposición para propósitos específicos.

Las soluciones de Big Data requieren tecnología y herramientas heterogéneas que se adapten al propósito. Es esencial darse cuenta de que no existe una única tecnología o herramienta que pueda proporcionar un propósito universal para el desarrollo de soluciones Big Data.

El código abierto es increíblemente útil y está muy extendido para la tecnología de la información, por lo que es igualmente crucial para el análisis de datos en la empresa. Es un tipo de contrato de licencia que permite a los desarrolladores y usuarios usar libremente el software, modificarlo, desarrollar nuevas formas de mejorarlo e integrarlo a proyectos más grandes.

Algunas de las plataformas más populares de Big Data y Analytics con herramientas asociadas son Google BigQuery, Hortonworks Data Platform, HP Bigdata, IBM Big Data, Microsoft Azure, SAP Bigdata Analytics, Teradata Bigdata Analytics, Amazon Web Services.

La gestión de los dispositivos móviles puede ser desalentadora desde muchos ángulos. El ciclo de vida de los dispositivos móviles puede ser mucho más corto que el de los dispositivos informáticos y de telecomunicaciones tradicionales.

Hoy en día, los trabajadores tienen múltiples teléfonos móviles. Tener varios dispositivos móviles por persona puede equivaler a miles de dispositivos móviles a considerar a nivel empresarial.

Las implicaciones de seguridad de los dispositivos móviles son enormes desafíos. Crean muchas vulnerabilidades de seguridad para las empresas.

La inteligencia de negocio móvil, también conocida como Mobile BI, es un requisito esencial para que las empresas mantengan su competitividad, abran nuevos mercados y creen nuevas fuentes de ingresos.

La realidad es que ya no podemos hacer negocios sin el uso de dispositivos móviles. La movilidad es una parte esencial de la empresa. Toca todos los aspectos de la empresa. No podemos tener un lugar de trabajo digital sin una arquitectura de movilidad adecuada.

El talento es esencial en las iniciativas de modernización y transformación empresarial. Necesitamos entender el valor y la importancia del talento para nuestros programas. Sin talento de calibre, nuestros programas digitales no pueden progresar y transformarse productivamente.

La formación de equipos de alto rendimiento es fundamental para el éxito de estos programas. Necesitamos crear equipos técnicos locales proactivos y comprometidos y una comunidad de prácticas como actividades de devolución.

Tenemos que centrarnos en las medidas cualitativas y cuantitativas para el éxito del equipo. Podemos gestionar a través de estructuras matriciales complejas en nuestras organizaciones.

Como profesionales digitales orientados a la métrica, necesitamos utilizar KPIs (Key Performance Indicators). Podemos utilizar un tablero de control del equipo para ver las tendencias y calificar y cuantificar el progreso en formatos visuales para los miembros del equipo y las partes interesadas del negocio.

Enterprise Architects tiene habilidades de pensamiento estratégico, arquitectónico y de diseño. Los arquitectos de dominios pueden diseñar un componente o componentes integrados en sus unidades de negocio. Los arquitectos de infraestructuras son responsables de la infraestructura subyacente, como la red, los servidores, el almacenamiento, las plataformas, las instalaciones físicas, como los centros de datos y las comunicaciones. Los arquitectos de aplicaciones entienden la funcionalidad, operabilidad, soporte, integración y migración de las aplicaciones. Las áreas de especialidad más comunes son Arquitecto de Seguridad, Arquitecto de Datos, Arquitecto de

Información, Arquitecto de Red, Arquitecto de Movilidad, Arquitecto de Lugar de Trabajo.

Los especialistas técnicos tienen una experiencia tecnológica distinta que abarca un amplio espectro de tecnologías en todos los ámbitos técnicos. Estos especialistas son profesionales técnicamente eminentes en el campo de su elección.

Los analistas de negocios son recursos críticos para traducir los requisitos del negocio en requisitos técnicos trabajando con las partes interesadas del negocio, arquitectos y especialistas técnicos.

La tutoría y el coaching son un cambio cultural y un requisito esencial para la modernización de los entornos. Debe haber una constante nutrición y transferencia de conocimientos de arriba a abajo.

Como líderes digitales, debemos ser catalizadores para el cambio continuo y servir como un Campeón Ágil. Debido a los cambios en las tecnologías, procesos y herramientas, como líderes digitales, necesitamos aprender rápida y eficientemente.

Intenté mostrar aspectos significativos y consideraciones valiosas para la inteligencia digital utilizando un enfoque estructurado. Espero que hayan encontrado el marco de trabajo fácil de seguir y el contenido conciso, despejado, informativo y fácil de leer.

Hice demasiado hincapié en el rigor arquitectónico a propósito. No podemos comprometer el rigor que apunta a la calidad de los productos y servicios como resultado de los objetivos de modernización y transformación de la empresa. Sin embargo, debe haber un delicado equilibrio entre el rigor arquitectónico, el valor comercial y la rapidez de comercialización.

La aplicación de un enfoque pragmático a múltiples iniciativas de transformación sustancial y programas de modernización complejos ha sido beneficioso para mí. El punto clave es utilizar un enfoque iterativo cada vez más progresivo en todos los aspectos de las iniciativas de modernización, incluidas las personas, los procesos, las herramientas y las tecnologías en su conjunto.

Tengo plena confianza en que este libro proporcionó información valiosa sobre el amplio tema de la inteligencia digital.

Apéndice: Otros libros de esta serie

Guía práctica para arquitectos de soluciones de IO

Arquitectura de ecosistemas de IO seguros, ágiles, económicos, de alta disponibilidad y con un buen rendimiento.

El objetivo de este libro es proporcionar a los arquitectos de soluciones de IO una orientación práctica y una perspectiva única. Los arquitectos de soluciones que trabajan en ecosistemas de IO tienen un nivel de responsabilidad sin precedentes; por lo tanto, tratar con ecosistemas de IO puede ser desalentador.

Como profesional experimentado en este tema, comprendo los retos a los que se enfrentan los arquitectos de soluciones de IO. En este libro, he reflexionado sobre mis conocimientos basados en mi experiencia en arquitectura de soluciones a lo largo de tres décadas. Además, este libro también puede servir de guía a otros arquitectos y diseñadores que deseen aprender los aspectos arquitectónicos de la IO y comprender los retos clave y las resoluciones prácticas de las arquitecturas de soluciones de IO. Cada capítulo se centra en los aspectos clave que conforman el alcance del marco de este libro: seguridad, disponibilidad, rendimiento, agilidad y rentabilidad.

En este libro, también he proporcionado definiciones útiles, una breve introducción práctica a la IO y un capítulo guía sobre el desarrollo de la arquitectura de soluciones. El contenido es principalmente práctico; por lo tanto, puede ser aplicado o ser un aporte complementario a los proyectos arquitectónicos en cuestión.

Arquitectura de Grandes Soluciones de Datos Integradas con IoT & Cloud

Cree perspectivas estratégicas de negocio con agilidad

La IO, los grandes datos y la computación en la nube son tres ámbitos tecnológicos distintos con casos de uso que se superponen. Cada tecnología tiene sus propios méritos; sin embargo, la combinación de tres crea una sinergia y la oportunidad de oro para que las empresas cosechen los beneficios exponenciales. Esta combinación puede crear magia tecnológica para la innovación cuando se diseña, implementa y opera adecuadamente.

La integración de Big Data con las arquitecturas IoT y Cloud proporciona importantes beneficios empresariales. Es como una pareja perfecta. La IO recoge datos en tiempo real. Big Data optimiza las soluciones de gestión de datos. La nube recopila, aloja, calcula, almacena y disemina datos rápidamente.

Basado en estas convincentes propuestas de negocio, el objetivo principal de este libro es proporcionar una guía práctica para la creación de soluciones Big Data integradas con arquitecturas de IO y Cloud. Con este fin, el libro ofrece una visión general de la arquitectura, la práctica de soluciones, la gobernanza y el enfoque técnico subyacente para la creación de soluciones integradas de Big Data, Cloud e IO.

El libro ofrece una introducción a la arquitectura de soluciones, tres capítulos distintos que comprenden Big Data, Cloud, y la IO con el capítulo final, incluyendo comentarios concluyentes a considerar para las soluciones de Big Data. Estos capítulos incluyen puntos arquitectónicos esenciales, práctica de soluciones, rigor metódico, técnicas, tecnologías y herramientas.

La creación de soluciones Big Data es compleja y complicada desde múltiples ángulos. Sin embargo, con el conocimiento y la orientación proporcionados en este libro, los arquitectos de soluciones de Big Data pueden estar capacitados para proporcionar soluciones útiles y productivas con una confianza creciente.

Un Marco de Excelencia Técnica para el Liderazgo de la Transformación Digital Innovadora

Transformar la empresa con excelencia técnica, innovación, simplicidad, agilidad, fusión y colaboración.

El propósito principal de este libro es proporcionar información valiosa para el liderazgo de la transformación digital potenciada por la excelencia técnica mediante el uso de un marco pragmático de cinco pilares. Este marco de empoderamiento tiene como objetivo ayudar al lector a entender las características comunes de los líderes técnicos y tecnológicos de una manera estructurada.

Aunque existen diferentes tipos de líderes en el campo de las transformaciones digitales de amplio espectro, en este libro sólo nos concentramos en excelentes líderes técnicos y tecnológicos con objetivos de transformación digital para hacer frente a las interrupciones tecnológicas y capacidades robustas para crear nuevas fuentes de ingresos. Independientemente de que estos líderes tengan títulos ejecutivos formales o sólo títulos de especialistas de dominio, demuestran características vitales de excelentes capacidades de liderazgo técnico que les permiten liderar iniciativas de transformación digital complejas y complicadas.

La razón principal por la que necesitamos entender la excelencia técnica y las capacidades necesarias para el liderazgo de la transformación digital en un contexto estructurado es modelar sus atributos y transferir las características conocidas a los aspirantes a líderes y a las próximas generaciones. Podemos transferir nuestra comprensión de estas capacidades a un nivel individual y aplicarlas a nuestras actividades diarias. Incluso podemos convertirlos en hábitos útiles para sobresalir en nuestros objetivos profesionales. Alternativamente, podemos pasar esta información a otras personas de las que somos responsables, como nuestros adolescentes que buscan roles de liderazgo digital, estudiantes de tercer ciclo, alumnos y colegas.

Intentamos definir los roles de los líderes estratégicos técnicos y tecnológicos a través de un marco específico, basado en la innovación, la simplicidad, la agilidad, la colaboración, la fusión y la excelencia técnica. Este marco ofrece un entendimiento común de los factores críticos del líder. El análisis estructurado presentado en este libro puede ser valioso para entender claramente la contribución de los líderes técnicos.

Es cierto que este libro tiene un sesgo a favor de los atributos positivos de los líderes excelentes a propósito. La razón imperiosa de este sesgo es centrarse en los aspectos positivos y describir estos atributos de manera concisa y en una cantidad adecuada para comprender el tema, de modo que los aspirantes a líderes puedan reutilizar y modelar estos atributos positivos. Como la otra cara de la moneda también es esencial para las diferentes percepciones, planeo tratar los aspectos perjudiciales de los líderes inútiles en un libro separado, tal vez en el contexto de las lecciones aprendidas, considerando diferentes casos de uso para un tipo de público diferente. En consecuencia, en este libro excluí los aspectos negativos de los líderes inútiles.

Un enfoque de Arquitectura Empresarial Moderna Potenciado con Cloud, Movilidad, IO y Datos Grandes

Modernizar la empresa con una arquitectura pragmática, tecnologías potentes, agilidad innovadora y fusión.

Soy el autor de este libro para proporcionar una guía esencial, ideas convincentes y formas únicas a Enterprise Architects para que puedan llevar a cabo con éxito iniciativas complejas de modernización empresarial que transformen del caos a la coherencia. Este no es un libro teórico ordinario que describa en detalle la Arquitectura Empresarial. Hay miles de libros en el mercado y en las bibliotecas que discuten los detalles de la arquitectura empresarial.

Como Arquitecto Empresarial Senior en ejercicio, leí cientos de esos libros y artículos para aprender diferentes puntos de vista. Han sido valiosos para mí para establecer mis bases en la primera fase de mi profesión. Sin embargo, lo que falta ahora es una guía concisa que muestre a Enterprise Architects los enfoques novedosos, las percepciones de la experiencia de la vida real y las experimentaciones, y que señale las tecnologías diferenciadoras para la modernización de las empresas. Ojalá existiera tal guía cuando empecé a participar en programas de modernización y transformación.

La mayor lección aprendida es el resultado comercial de la modernización de la empresa. Lo que realmente importa para el negocio es el retorno de la inversión de la arquitectura empresarial y sus capacidades de monetización. El resto es la teoría porque hoy en día los ejecutivos patrocinadores, debido al clima económico, no tienen interés, atención o tolerancia para los emprendimientos sin fines de lucro. Lamento decepcionar a algunos arquitectos empresariales idealistas, pero con el debido respeto, es la realidad, y no podemos cambiarla. Este libro trata de la realidad más que de la perfección teórica. Cualquiera que esté en contra de este punto de vista sobre el clima debe venir de otro planeta.

En este libro conciso, despejado y fácil de leer, intento mostrar los puntos débiles significativos y las consideraciones valiosas para la modernización de las empresas utilizando un enfoque estructurado. El rigor arquitectónico sigue siendo esencial. No podemos comprometer el rigor que apunta a la calidad de los productos y servicios como un resultado objetivo. Sin embargo, debe haber un delicado equilibrio entre el rigor arquitectónico, el valor comercial y la rapidez de comercialización. Apliqué este enfoque pragmático a múltiples iniciativas de transformación sustanciales y programas de modernización complejos. El punto clave es utilizar un enfoque iterativo cada vez más progresivo en todos los aspectos de las iniciativas de modernización, incluidas las personas, los procesos, las herramientas y las tecnologías en su conjunto.

Partiendo de una visión de alto nivel de la arquitectura empresarial para contextualizarla, presenté una docena de capítulos distintos para señalar y explicar con más detalle los factores que pueden marcar una diferencia real en el tratamiento de la complejidad y la producción de excelentes iniciativas de modernización. Como líderes eminentes, los Arquitectos Empresariales son los talentos críticos que pueden llevar a cabo esta misión masiva utilizando su gente y sus habilidades tecnológicas, además de muchos atributos críticos como la calma y la serenidad. Son arquitectos, no bomberos. Tengo plena confianza en que este libro puede proporcionar valiosas ideas y momentos para que estos talentosos arquitectos aborden esta enorme misión convirtiendo el caos en coherencia.

Biografía del autor:

El Dr. Mehmet Yildiz es un distinguido arquitecto empresarial certificado L3 por Open Group. Trabajando en la industria de TI durante los últimos 35 años, liderando proyectos empresariales complejos para grandes organizaciones corporativas, recientemente se ha centrado en soluciones tecnológicas de vanguardia, como la integración de IO, Blockchain, Cognitive, Cloud, Fog y Edge Computing.

El Dr. Yildiz es un practicante práctico de arquitecturas de soluciones que lidera iniciativas empresariales complejas y es un campeón de la ágil. Como evangelista de la innovación en todos los ámbitos de la vida, también es un inventor reconocido con varias patentes. El Dr. Yildiz enseña las mejores prácticas arquitectónicas en el trabajo, orienta a sus colegas, supervisa a los estudiantes de doctorado y ofrece conferencias a nivel de la industria a estudiantes de postgrado en varias universidades de Australia.

Además de su carrera técnica, el Dr. Yildiz disfruta probando nuevas formas de vida para transformar su salud y comparte su experiencia generosamente con otros, como se refleja en este libro. Puedes seguir y conectar con el autor en **https://digitalmehmet.com**

Linkedin https://www.linkedin.com/in/mehmetyildiz
Goodreads: https://www.goodreads.com/drmehmetyildiz

www.ingramcontent.com/pod-product-compliance
Lightning Source LLC
Chambersburg PA
CBHW051050050326
40690CB00006B/671